京华通览

历史文化名城

主编／段柄仁

南锣鼓巷

郗志群／编著

北京出版集团公司
北京出版社

图书在版编目（CIP）数据

南锣鼓巷 / 郗志群编著 . — 北京：北京出版社，2018.3
　（京华通览）
　ISBN 978-7-200-13428-5

　Ⅰ . ①南… Ⅱ . ①郗… Ⅲ . ①城市道路—介绍—东城区②民居—介绍—东城区　Ⅳ . ① K921.3 ② TU241.5

中国版本图书馆 CIP 数据核字（2017）第 266369 号

出　版　人　曲　仲
策　　　划　安　东　于　虹
项目统筹　孙　菁　董拯民
责任编辑　孙　菁　夏　叶
封面设计　田　晗
版式设计　云伊若水
责任印制　燕雨萌

《京华通览》丛书在出版过程中，使用了部分出版物及网站的图片资料，在此谨向有关资料的提供者致以衷心的感谢。因部分图片的作者难以联系，敬请本丛书所用图片的版权所有者与北京出版集团公司联系。

南锣鼓巷
NANLUOGUXIANG
郗志群　编著

北京出版集团公司
北京出版社　出版

*

（北京北三环中路 6 号）
邮政编码：100120

网　址：www.bph.com.cn
北京出版集团公司总发行
新　华　书　店　经　销
天津画中画印刷有限公司印刷

*

880 毫米 ×1230 毫米　32 开本　8.375 印张　171 千字
2018 年 3 月第 1 版　2022 年 11 月第 3 次印刷
ISBN 978-7-200-13428-5
定价：45.00 元

如有印装质量问题，由本社负责调换
质量监督电话：010-58572393

《京华通览》编纂委员会

主　任　段柄仁
副主任　陈　玲　曲　仲
成　员　（按姓氏笔画排序）
　　　　于　虹　王来水　安　东　运子微
　　　　杨良志　张恒彬　周　浩　侯宏兴
主　编　段柄仁
副主编　谭烈飞

《京华通览》编辑部

主　任　安　东
副主任　于　虹　董拯民
成　员　（按姓氏笔画排序）
　　　　王　岩　白　珍　孙　菁　李更鑫
　　　　潘惠楼

序一

PREFACE

擦亮北京"金名片"

段柄仁

北京是中华民族的一张"金名片"。"金"在何处？可以用四句话描述：历史悠久、山河壮美、文化璀璨、地位独特。

展开一点说，这个区域在70万年前就有远古人类生存聚集，是一处人类发祥之地。据考古发掘，在房山区周口店一带，出土远古居民的头盖骨，被定名为"北京人"。这个区域也是人类都市文明发育较早，影响广泛深远之地。据历史记载，早在3000年前，就形成了燕、蓟两个方国之都，之后又多次作为诸侯国都、割据势力之都；元代作为全国政治中心，修筑了雄伟壮丽、举世瞩目的元大都；明代以此为基础进行了改造重建，形成了今天北京城的大格局；清代仍以此为首都。北京作为大都会，其文明引领全国，影响世界，被国外专家称为"世界奇观""在地球表面上，人类最伟大的个体工程"。

北京人文的久远历史，生生不息的发展，与其山河壮美、宜生宜长的自然环境紧密相连。她坐落在华北大平原北缘，"左环沧海，右拥太行，南襟河济，北枕居庸""龙蟠虎踞，形势雄伟，南控江淮，北连朔漠"。是我国三大地理单元——华北大平原、东北大平原、蒙古高原的交汇之处，是南北通衢的纽带，东西连接的龙头，东北亚环渤海地区的中心。这块得天独厚的地域，不仅极具区位优势，而且环境宜人，气候温和，四季分明。在高山峻岭之下，有广阔的丘陵、缓坡和平川沃土，永定河、潮白河、拒马河、温榆河和蓟运河五大水系纵横交错，如血脉遍布大地，使其顺理成章地成为人类祖居、中华帝都、中华人民共和国首都。

这块风水宝地和久远的人文历史，催生并积聚了令人垂羡的灿烂文化。文物古迹星罗棋布，不少是人类文明的顶尖之作，已有1000余项被确定为文物保护单位。周口店遗址、明清皇宫、八达岭长城、天坛、颐和园、明清帝王陵和大运河被列入世界文化遗产名录，60余项被列为全国重点文物保护单位，220余项被列为市级文物保护单位，40片历史文化街区，加上环绕城市核心区的大运河文化带、长城文化带、西山永定河文化带和诸多的历史建筑、名镇名村、非物质文化遗产，以及数万种留存至今的历史典籍、志鉴档册、文物文化资料，《红楼梦》、"京剧"等文学艺术明珠，早已成为传承历史文明、启迪人们智慧、滋养人们心灵的瑰宝。

中华人民共和国成立后，北京发生了深刻的变化。作为国家首都的独特地位，使这座古老的城市，成为全国现代化建设的领头雁。新的《北京城市总体规划（2016年—2035年）》的制定和中共中央、国务院的批复，确定了北京是全国政治中心、文化中心、国际交往中心、科技创新中心的性质和建设国际一流的和谐宜居之都的目标，大大增加了这块"金名片"的含金量。

伴随国际局势的深刻变化，世界经济重心已逐步向亚太地区转移，而亚太地区发展最快的是东北亚的环渤海地区、这块地区的京津冀地区，而北京正是这个地区的核心，建设以北京为核心的世界级城市群，已被列入实现"两个一百年"奋斗目标、中国梦的国家战略。这就又把北京推向了中国特色社会主义新时代谱写现代化新征程壮丽篇章的引领示范地位，也预示了这块热土必将更加辉煌的前景。

北京这张"金名片"，如何精心保护，细心擦拭，全面展示其风貌，尽力挖掘其能量，使之永续发展，永放光彩并更加明亮？这是摆在北京人面前的一项历史性使命，一项应自觉承担且不可替代的职责，需要做整体性、多方面的努力。但保护、擦拭、展示、挖掘的前提是对它的全面认识，只有认识，才会珍惜，才能热爱，才可能尽心尽力、尽职尽责，创造性完成这项释能放光的事业。而解决认识问题，必须做大量的基础文化建设和知识普及工作。近些年北京市有关部门在这方面做了大量工作，先后出版了《北京史》（10卷本）、《北京百科全书》（20卷本），各类志书近900种，以及多种年鉴、专著和资料汇编，等等，为擦亮北京这张"金名片"做了可贵的基础性贡献。但是这些著述，大多是服务于专业单位、党政领导部门和教学科研人员。如何使其承载的知识进一步普及化、大众化，出版面向更大范围的群众的读物，是当前急需弥补的弱项。为此我们启动了《京华通览》系列丛书的编写，采取简约、通俗、方便阅读的方法，从有关北京历史文化的大量书籍资料中，特别是卷帙浩繁的地方志书中，精选当前广大群众需要的知识，尽可能满足北京人以及关注北京的国内外朋友进一步了解北京的历史与现状、性质与功能、特点与亮点的需求，以达到"知北京、爱北京，合力共建美好北京"的目的。

这套丛书的内容紧紧围绕北京是全国的政治、文化、国际交往和科技创新四个中心，涵盖北京的自然环境、经济、政治、文化、社会等各方面的知识，但重点是北京的深厚灿烂的文化。突出安排了"历史文化名城""西山永定河文化带""大运河文化带""长城文化带"四个系列内容。资料大部分是取自新编北京志并进行压缩、修订、补充、改编。也有从已出版的北京历史文化读物中优选改编和针对一些重要内容弥补缺失而专门组织的创作。作品的作者大多是在北京志书编纂中捉刀实干的骨干人物和在北京史志领域著述颇丰的知名专家。尹钧科、谭烈飞、吴文涛、张宝章、郗志群、马建农、王之鸿等，都有作品奉献。从这个意义上说，这套丛书中，不少作品也可称"大家小书"。

总之，擦亮北京"金名片"，就是使蕴藏于文明古都丰富多彩的优秀历史文化活起来，充满时代精神和首都特色的社会主义创新文化强起来，进一步展现其真善美，释放其精气神，提高其含金量。

2017 年 11 月

目录

CONTENTS

历史溯源
- 元大都的遗珍 / 2
- 明京师的坊巷 / 5
- 从八旗驻地到警政分区 / 8
- 现代的街道社区 / 13

胡同览胜
- 蜈蚣街巷（上）/ 16
  - 南锣鼓巷 / 16
  - 福祥胡同 / 20
  - 蓑衣胡同 / 21
  - 雨儿胡同 / 22
  - 帽儿胡同 / 24
  - 景阳胡同 / 25
  - 沙井胡同 / 26

黑芝麻胡同 / 27

　　　前鼓楼苑胡同 / 27

　蜈蚣街巷（下）/ 29

　　　炒豆胡同 / 29

　　　板厂胡同 / 30

　　　东棉花胡同 / 31

　　　北兵马司胡同 / 32

　　　秦老胡同 / 33

　　　前圆恩寺胡同 / 34

　　　后圆恩寺胡同 / 35

　　　菊儿胡同 / 36

　　　寿比胡同 / 37

　　　交道口南大街 / 38

　皇城内外 / 40

　　　地安门东大街 / 40

　　　安乐堂胡同 / 43

　　　岔子胡同 / 44

　玉河桥畔 / 45

　　　东不压桥胡同 / 45

　　　拐棒胡同 / 52

　　　豆角胡同 / 53

　钟鼓楼下 / 54

　　　鼓楼东大街 / 54

　　　后鼓楼苑胡同 / 58

方砖厂胡同 / 58

小厂胡同 / 60

辛安里 / 60

南下洼子胡同 / 61

名人撷英

明清名臣勋贵 / 63

肃宁伯府 / 63

洪承畴故居 / 64

文康宅 / 67

清内务府总管索家及"绮园" / 68

荣禄故居 / 71

僧格林沁王府及祠堂 / 73

奎俊宅邸和顾孟余 / 77

婉容故居 / 81

文煜故居和"可园" / 85

清末将军凤山故居及其拱门砖雕 / 88

三六桥故居 / 90

花沙纳与徐世章 / 90

赵尔巽故居 / 91

近代风云人物 / 93

民国代理总理靳云鹏故居 / 93

铁路设计师詹天佑故居 / 94

"北洋三杰"冯国璋旧宅 / 95

蒋介石行辕 / 97

赵登禹将军故居 / 99

茅盾故居 / 101

齐白石故居 / 104

现代杰士名家 / 106

罗荣桓元帅、粟裕将军故居 / 106

王树常故居 / 107

朱家溍故居 / 109

启功旧居 / 113

裴文中故居 / 115

书画大师张珩故居——木雁斋 / 116

末代皇弟溥任的居所 / 118

古迹寻踪

衙署机构 / 121

孤老养济院 / 121

北兵马司 / 123

安乐堂 / 124

明兵仗局外厂 / 126

值年旗衙门 / 128

清步军统领衙门 / 131

清太医院 / 134

宗教建筑 / 137

圆恩寺 / 140

吉祥寺 / 141

圆通寺 / 142

显佑官 / 143

　　福祥寺 / 145

　　梓潼文昌庙 / 147

　　广慈寺 / 151

　　黄瓦财神庙 / 152

　　龙王庙 / 154

　　通明寺 / 154

　　延寿院 / 156

　　土地庙 / 156

　　二圣庵 / 157

　　宏德禅林 / 157

　　玉河庵 / 158

　　大悲寺 / 159

商铺字号 / 161

　　典当行——万庆当铺 / 162

　　银钱店——三聚号 / 165

　　蜜供王家——德丰斋 / 166

　　北城棚行——永泰棚铺 / 167

　　冥衣铺——广合斋、奇巧斋 / 169

文教机构 / 172

　　官学——镶黄旗官学 / 172

　　私学——诚正义学 / 176

　　私立求实中学 / 178

　　私立崇实小学 / 179

河北北京师范专科学校 / 180

前圆恩寺小学 / 181

清语同学会 / 182

私立惠中女子初级中学 / 183

私立中法大学 / 183

温泉初级中学 / 184

私立两吉女子中学 / 185

黑芝麻胡同小学 / 185

今是中学 / 185

私立进德中学 / 186

华北大学一部、二部 / 186

私立育青女子高级职业学校 / 188

中央戏剧学院 / 189

逸闻旧事

梅梢月的传说 / 195

黄瓦财神庙的传说 / 198

枪毙京兆尹王治馨 / 200

麻景贤刺杀日本军官 / 204

"北平潜伏台"大案 / 206

当代传奇

南锣鼓巷的创意文化街市 / 210

文字奶酪店 / 210

过客酒吧 / 212

创可贴8特色T恤店 / 213

胡同仁创意文化旅馆 / 215

　　　北京古巷贰拾号商务会所 / 216

胡同里的戏剧领地 / 219

　　　中央戏剧学院实验剧场 / 220

　　　国话小剧场 / 221

　　　中央戏剧学院北剧场 / 221

　　　北京七色光儿童剧院 / 222

　　　蓬蒿剧场 / 223

　　　中央戏剧学院黑匣子剧场 / 224

　　　中国国家话剧院 / 224

菊儿胡同的现代四合院 / 228

新中国成立之初的使馆区 / 233

地下空间与文化长廊 / 235

参考文献 / 239

后　　记 / 249

历史溯源

南锣鼓巷地区，位于北京市东城区的西部，东邻交道口南大街，西倚地安门外大街，北接鼓楼东大街，南连平安大街，是北京城中极具特色的胡同四合院民居区。这里毗邻皇城，紧靠北京城的中轴线，西望钟鼓楼、什刹海，一条玉河从西南区域穿流而过，实在是一块位于中心城区的风水宝地。南锣鼓巷是北京最古老的街区之一，已历经700余年风云变幻，想要追溯它的历史，则需从元代讲起。

元大都的遗珍

　　熟悉北京历史的人们都知道，我们今天的北京城是在元大都的基础上发展变化而成的，距今已有700多年的历史。按照中国古代传统的城市管理模式，元代统治者将大都城内陆续建成的街巷划分为50个坊，每坊各有名称，其中"昭回坊"的位置就在今天东城区南锣鼓巷及其东西两侧区域。

　　根据《元一统志》的记载，为大都的街道坊巷"拟定名号"是在元至元二十五年（1288），但在该书中列出的50个坊名中却没有昭回坊之名。《元一统志》的修纂始于元至元二十三年（1286），到元大德四年（1300）成书，在大德七年（1303）又进行了增补，这说明昭回坊一名的出现应该晚于大德七年（1303）。目前从文献记载看，昭回坊之名最早见于元末熊梦祥所写的《析津志》一书中，记载也很简略清晰："昭回坊，都府南。"都府是指元大都路总管府，明清时成为顺天府治，位置就在今天鼓楼东大街东口北侧、交道口西北，正处于南锣鼓巷北部。《析津志》的记载说明至迟到元末，南锣鼓巷及其东西两侧区域已被称作昭回坊了。坊名"昭回"，源于《诗经》"倬彼云汉，昭回于天"。"昭回"意谓星辰光耀回转，这应该是与此处紧邻皇帝居住的大内之地理位置密切相关的。

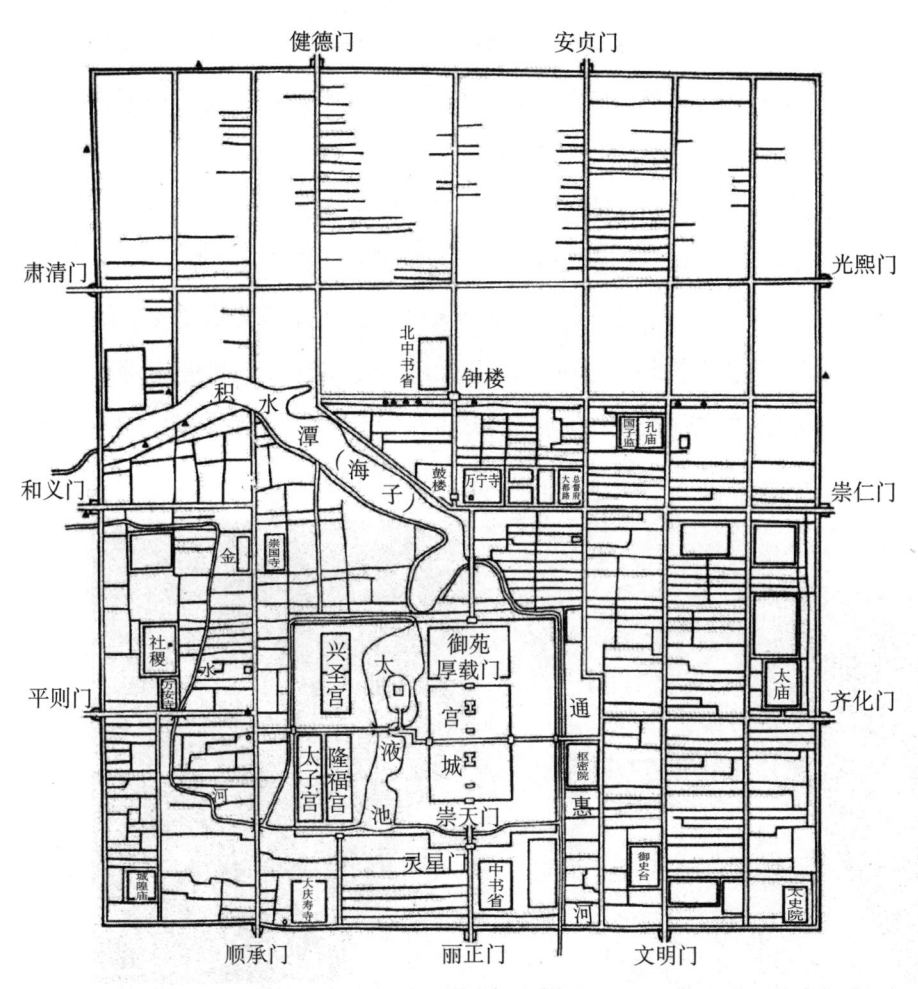

元大都复原平面图

需要澄清的一点是，现在一些记述南锣鼓巷地区历史的文章或著作往往认为，南锣鼓巷及其东西两侧区域在元代分属于昭回坊和靖恭坊，南锣鼓巷恰好是两坊之间的分界巷。其实，在元代北京地方文献中未见有靖恭坊之名，这个名字直到明代才出现。根据孙承泽《春明梦余录》和清《嘉庆一统志·京师》等书籍的记载来看，元大都昭回坊的坊界北自鼓楼东大街，南至皇城北垣，东起交道口大街，西达地安门大街，正好就是今天南锣鼓巷及其东西两侧区域。可见，元代这一地区归属昭回坊，并不存在靖恭坊。

如上所述，南锣鼓巷诞生于元代，它与元大都同期建成，是北京最古老的街区之一。它位于元代的昭回坊中，南邻皇城御苑，北望鼓楼与中心阁，优越的地理位置使这一地区历代繁荣、经久不衰，至今仍完整保存着元代胡同院落的肌理。

元大都城垣遗址

元大都遗址公园

明京师的坊巷

明代初年,朱元璋将大都改称"北平",而且对大都城也进行了改造。主要是在大都北城墙以南约五里处又新筑了一道城墙,这样就使得明初的北京城北部向南内缩五里,而城里的坊巷也随之加以调整。根据《日下旧闻考》的记载,在明成祖朱棣未建都北京之前,北平府城中分为33个坊,其中包括了昭回坊和靖恭坊。"靖恭"之名也源于《诗经》,《诗》云:"嗟尔君子,无恒安息;靖恭尔位,好是正直。"以"靖恭"作为坊名其实并不始于明代,唐朝长安城里就设置有靖恭坊,北京城的靖恭坊之名或许借鉴于此。

到了嘉靖年间,锦衣卫指挥使张爵撰写了《京师五城坊巷胡同集》一书，对昭回坊、靖恭坊做了较为详细的记述："昭回、靖恭坊，共十四铺，皇墙东北角。"书中还记下了炒豆胡同（今名同）、秦家胡同（今秦老胡同）、棉花胡同（今东棉花胡同）、圆恩寺胡同（今前圆恩寺胡同）、局儿胡同（今菊儿胡同）、福祥寺街（今福祥胡同）、臭皮胡同（今寿比胡同）、袭衣寺胡同（今蓑衣胡同）、宣家井胡同（今景阳胡同）、沙家胡同（今沙井胡同）、雨笼胡同（今雨儿胡同）、何纸马胡同（今黑芝麻胡同）、醋胡同（今鼓楼东大街）、锣锅巷（今南锣鼓巷）等14条胡同的名称。考察这些胡同的位置，都分布在今南锣鼓巷的东西两侧，以此巷为界，其东为昭回坊，其西为靖恭坊。

《京师五城坊巷胡同集》附图

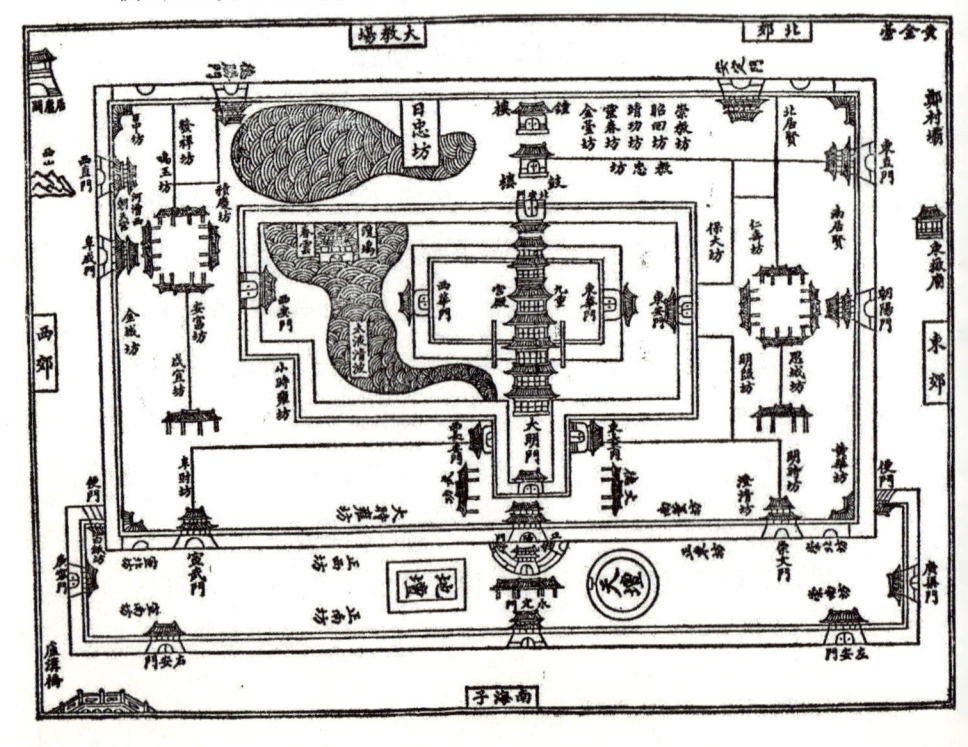

《京师五城坊巷胡同集》

　　还需要再澄清的一点是，现在通常的观点认为，明代将"昭回""靖恭"二坊合并，称"昭回靖恭坊"，南锣鼓巷的位置正是该坊的南北中心线，巷名为"锣锅巷"。这一说法显然是误解了张爵的文意，而究其原因应该是与北京古籍出版社 1982 年出版的《京师五城坊巷胡同集》标点错误有关。如上所引，张书原文应标为"昭回、靖恭坊，共十四铺"。而标点本却标成"昭回靖恭坊，共十四铺"。之所以不能标为"昭回靖恭坊"，理由有三点：一是《京师五城坊巷胡同集》前原有一幅地图，其中明确标示出了"昭回坊""靖功坊"的名称和位置。尽管图中将"恭"写作"功"，但这两个字在历史上是可以通用的。二是《京师五城坊巷胡同集》在记述各坊划分多少铺时，都是直接作"某某铺"，如"教忠坊，十铺""崇教坊，十四铺"等，唯独昭回、靖恭坊写作"共十四铺"。"共"字显然是"共有"之意，这恰恰说明昭回、靖恭是两个坊。而张爵为什么单单把这两个坊合在一起记述，估计可能是两坊中有些铺划分的管辖区域互有交叉所致。三是明人沈榜于万历年间写成的《宛署杂记》、明末清初人孙承泽所写的《春明梦余录》二书中都明确记载了昭回坊和靖恭坊。由此可证,"昭回靖恭坊"的说法是不正确的,南锣鼓巷地区在明代是分属于昭回坊和靖恭坊的。

从八旗驻地到警政分区

顺治元年(1644)清代定都北京后,将明代的坊大量合并。据朱一新《京师坊巷志稿》记载:北京内外城一共分成十个坊,而南锣鼓巷地区却分属于中西、灵中二坊。造成这一现象的原因是,这两个坊以兵马司胡同至地安门桥东西一线作为分界,正好把南锣鼓巷及其两侧的胡同一分为二。不过由于清代坊的建

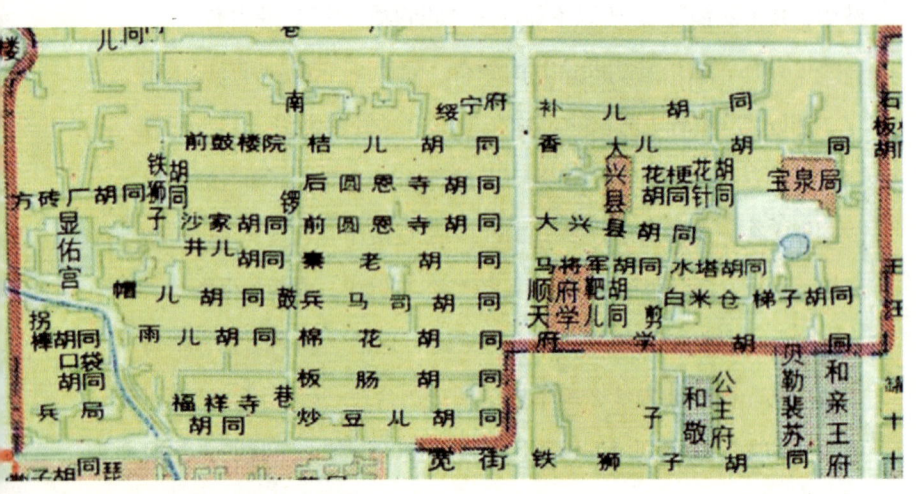

清交道口地区行政图

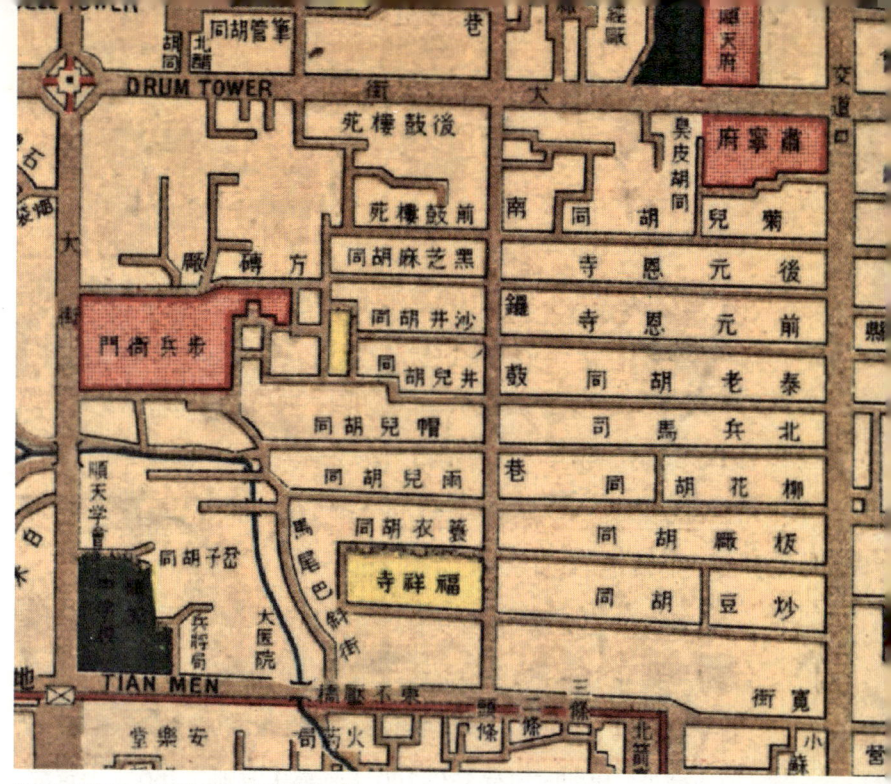

1914年民国北京地图上的南锣鼓巷

制已基本形同虚设,这种人为的割裂在实际生活中并不会带来大的影响。

清代的北京城实行的是兵民分居政策,八旗官兵及其家属居内城,汉族居民住外城。居住北京内城的八旗官兵环绕皇城分为里外两层,外层为八旗前锋参领、侍卫前锋校、前锋等,里层为八旗满洲五参领、蒙古二参领下护军参领、护军校、护军等。每一旗驻防区内,最靠近城市中心的为满洲八旗,蒙古八旗次之,最外层为汉军八旗。据《八旗通志》等书的记载,八旗是依"五行相克"说在内城布防的,两黄旗属土,土能克水,所以驻防在北方。其中镶黄旗驻地西至地安门大街、旧鼓楼大街一线,东至东城垣,北至北城垣,南至宽街、府学胡同、东直门大街,总之是在北京内城的东北隅,而南锣鼓巷地区正好位于这一区域的西南角，这里紧邻皇城，当然该由镶黄旗满洲官兵驻防。据《日下旧闻考》卷三十七记载：镶黄旗满洲官兵"自南锣鼓巷北口至南口，南锣鼓巷两边之鼓楼院、方砖厂、真武庙、鱼儿胡同、福祥寺、帽儿胡同、炒豆胡同、棉花胡同、兵马司、前圆恩寺、后圆恩寺、局儿胡同，为三参领之十八佐领居址"。也就是说，当时住在南锣鼓巷及其两侧胡同里的人都是镶黄旗满洲第三参领所辖18个佐领的官兵及家属。

清代八旗的建制分为旗、参领、佐领三级，早期的规定是每旗下辖五参领，每参领下辖五佐领，每佐领有300人，故每旗有7500人。以后旗、参领数不变，佐领数增加，每佐领的人数有所减少，康熙时约有130~140人，嘉庆时则以150人为定数。由此推算，当年住在南锣鼓巷地区的镶黄旗满洲人大约在2500人左右。不过到了清代后期，内城逐渐允许汉民居住，光绪末年更是取消了内城八旗驻地的建制。

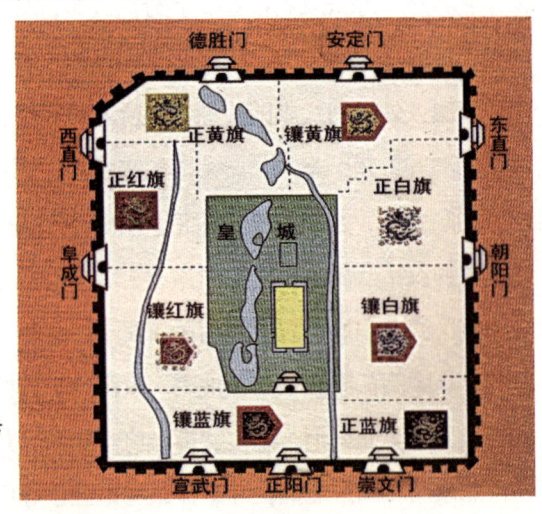

北京城八旗驻防示意图

北京设区始于清末，光绪三十一年（1905）九月，清政府将以前的内外城工巡局改为内外城巡警总厅，巡警总厅下辖分厅，分厅之下设区。设区之初，其制迭变，直至宣统二年（1910），内城最终被分为十区，分别是中一区、中二区、内左一区至内左四区，内右一区至内右四区，此分区状况一直保持到1928年。据陈宗蕃《燕都丛考·沿革》记载，内左三区辖境北至安定门城墙，西至旧鼓楼大街、鼓楼大街、地安门外大街，东至北新桥，南至皇城北墙。南锣鼓巷地区正好位于其中。

1928年6月，北京降为北平特别市，警察厅（1913年由内外城巡警厅改置）改名公安局，并重新厘定区界，内城并作六区，分称内一区至内六区，外城并作五区，分称外一区至外五区。其

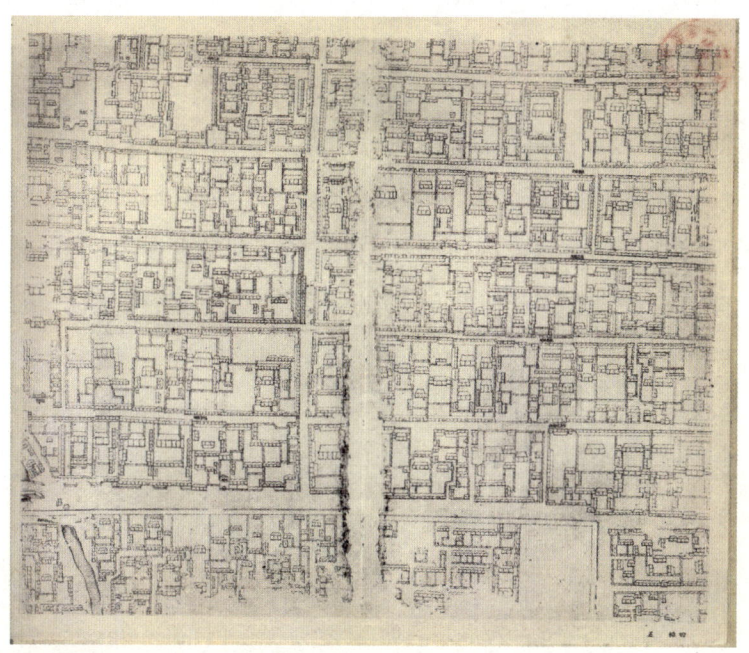

清《乾隆京城全图》中的南锣鼓巷

1961年的南锣鼓巷

中内五区辖有安定门大街以西，积水潭以东，地安门皇城城墙以北区域，包含了南锣鼓巷及其东西两侧胡同。

需要说明的一点是，清末民国所设之区与新中国成立后北京所设之区在性质上截然不同。新中国成立后北京所设之区为国家的一级行政建制，而清末民国所设之区实为警政区，尚不属一级行政建制。不过，这些区的设置初衷虽为整饬秩序，但实际上这些区不仅职专治安，同时还兼掌司法、卫生、户籍、营业、建筑、交通等各种社会事务，兼有强烈的行政管理色彩。正因为如此，"庚子之变"以后，北京城由八旗协防改为警务设区巡查防治，不仅对加强北京城的社会秩序与治安起到了很大作用，而且对后来北京行政建制的调整与发展也有很大影响。

现代的街道社区

新中国成立后,北京市区划经过多次调整。1950年5月,将内城七个区(1943年新设"内七区")合并为五个区,外城五个区合并为四个区,按数字排列依次定名为第一区至第九区。1952年9月,又将城区的九个区调整为七个区,并改为以地名命名区名。第一区改称东单区,第二区改称西单区,第三区改称东四区,第四区改称西四区,第五区改称前门区,第六区改称崇文区,第七区改称宣武区。1958年4月,撤销前门区,其地域分别划入崇文和宣武两区。同年5月,将东单、东四两区合并,

南锣鼓巷南口

改称东城区；将西单、西四两区合并，改称西城区。至此，北京内、外城最终形成四区的区划。随着北京市区划的调整，南锣鼓巷地区也依次隶属：新中国成立之初的内五区，1950年5月之后的第三区，1952年9月之后的东四区，1958年5月至今的东城区。

南锣鼓巷街景

北京的街道办事处始建于1954年5月，最初是区政府的派出机构，主要任务是加强居民的管理工作，密切政府与居民之间的关系。南锣鼓巷地区最早建立的是雨儿胡同办事处，成立时间是1955年2月。1958年9月，雨儿胡同办事处与临近的桃条胡同办事处合并成立交道口街道办事处，隶属东城区管辖。改革开放之后，原街道居民委员会逐渐改为社区，南锣鼓巷地区建立了福祥社区、帽儿社区、鼓楼苑社区、南锣鼓巷社区、圆恩寺社区和菊儿社区等。2002年5月，街道进行了社区调整，南锣鼓巷地区保留了南锣鼓巷社区、菊儿社区、鼓楼苑社区、福祥社区等四个社区，一直延续至今。

胡同览胜

南锣鼓巷以保存完好的北京胡同和四合院闻名于世。这里不仅保留了老北京的市井风情，更融入了文化名城的古都神韵。徜徉于这片具有浓郁北京"原生态"气息的古老街巷中，能切身感受到700多年历史的波澜壮阔；穿越条条胡同，仿佛能触摸到元、明、清三代的过往沧桑；悠久的历史，厚重的文化，构成了南锣鼓巷无与伦比的魅力所在。

蜈蚣街巷（上）

南锣鼓巷

南锣鼓巷与元大都的修建大致同期，约在至元四年（1267）到至元二十七年（1290）间建成，至今已有700多年历史。元代将大都城划分为50个坊，今南锣鼓巷属于昭回坊管辖，处于元大都的中心区域。到了明代，随着南城的扩展和北城的南缩，使该地区位于北京城的北部。南锣鼓巷成了昭回坊和靖恭坊的分界线，巷名为"锣锅巷"。清代南锣鼓巷地属镶黄旗，清乾隆十五年（1750）绘制的《京城全图》已经将锣锅巷更名为"南锣鼓巷"。"文化大革命"时期，南锣鼓巷一度改称"辉煌街"，后恢复原名。现在的南锣鼓巷位于东城区西北部，北起鼓楼东大街，南止地安门东大街，著名的北京城中轴线建筑钟鼓楼恰位于该地区的西北部。

南锣鼓巷呈南北走向，全长786米，宽8米。两侧门牌分别为：1~155号，空缺65号、87号等7个号；2~116号，空缺18号、34号等10个号。由于该地区自元代就经过系统的设计规划，又保存完好，所以胡同分布至今十分规整。以南锣鼓巷为主干，巷内东西两侧各伸出八条平行相对的胡同。西面从北向南依次为：前鼓楼苑胡同、黑芝麻胡同、沙井胡同、景阳胡同、帽儿胡同、雨儿胡同、蓑衣胡同、福祥胡同；东面从北向南有：菊儿胡同、后圆恩寺胡同、前圆恩寺胡同、秦老胡同、北兵马司胡同、东棉花胡同、板厂胡同、炒豆胡同。16条胡同排列有序，呈鱼骨状，俗称"蜈蚣街"。据说以前在南锣鼓巷的最北端有两眼古井，恰好就成了这条"蜈蚣"的两只眼睛。这种整体肌理的胡同、四合院形态，无疑是元大都棋盘式城市建筑格局的具象体现。

此外，南锣鼓巷的命名也颇值得考究。该巷在明代被称为"锣锅巷"，清代依谐音改称"南锣鼓巷"，而"锣锅儿"之名应该与此处地形特殊有关。据久居此地的张先得先生长期观察，发现南锣鼓巷"南北两头低、中间高，路东各胡同西头高、东头低，路西的胡同东头高、西头低。南锣鼓巷南口高于地安门东大街，进南锣鼓巷需上坡；北口也高于鼓楼东街。分列于南锣鼓巷内的16条胡同，其东侧各胡同东口高于交道口南大街，进各胡同需上坡；西侧各胡同的

南锣鼓巷

南锣鼓巷

西口也高于其相接的街道。纵观南锣鼓巷地片,很像一口倒扣的六扳锅,中间高,四周逐渐下慢坡,其相对的各条胡同则像锅边的几对扳手"。

现在这一说法已被印证。2006年8月,南锣鼓巷在进行市政道路改造时,在75号和77号院墙外侧出土了一块"水准点"石碑。该石碑高1米,宽0.2米,顶部为圆形,通体采用汉白玉制成,石碑一面刻有"(实)测北京水平"六字,另一面则刻"(京)都市政公所"字样。所谓"水准点",是指一个地区海拔高度的基准点,所有地形图,各种建筑物以及各等高程控制点,都以此为基准。而这块石碑的作用是用来标志北京东城的水平面高度。北京的水准点始建于1914至1916年,是北京地区首次进行的近代水准测量,起算点为正阳门的将军石,当时全市共埋设了81

块水准点石碑。资料显示,南锣鼓巷的水准点的高度为50.071米,在此埋设水准点石碑表明此地是北京城里地势高点之一。而75号和77号院位于南锣鼓巷中段西侧,恰恰说明该巷中间是这一地区的最高点。同时,以地形命名是北京地名的特点之一,南锣鼓巷得名

"水准点"石碑

便是因此缘故。2008年,交道口街道办事处已将水准点石碑重归原位,使它成了南锣鼓巷中又一处新的景观。

　　南锣鼓巷紧邻皇城,是历朝皇族、名流的聚居处,从明代将军到清代王爷,从北洋政府总统到国民党总裁,从文学大师到画坛巨匠都曾居住此地。该地至今仍保留着北京规模最大、保存最完好、品级最高的四合院建筑群。北京四合院的特点是多数正房坐北朝南,故南锣鼓巷内的各胡同,北侧门户较多,南侧如有门户也大多是前一条胡同中宅院的后门。各胡同中的宅院变化也是非常大的,许多院落屡易其主,或者分割出售。各胡同中南侧"倒座"房屋也出现不少,多为两胡同间的大宅前后院分割,改建为

专供出租的小院落。南锣鼓巷临街宅院很少，多为小铺面房，只有南锣鼓巷59号为明末降清大将洪承畴宅后家祠。震钧《天咫偶闻》中的"洪承畴府第在南锣鼓巷路西"，即指此处。

南锣鼓巷地区几经朝代变迁，却一直与繁华的商业街区相邻。同时，现在的地安门外大街和交道口南大街一直是城市的主干道，日益完善的服务设施和交通条件使该地区的商业价值突出，不少现代文化场所，如中央戏剧学院、逸夫剧场等都坐落于此，还有新兴的酒吧、特色店，更为这片区域注入了新鲜的血液。历史积淀与现代时尚在这里交融，显现出一种别样的魅力。因此，2002年，当北京市政府首次公布文化保护区时，南锣鼓巷就被列入《北京旧城25片历史文化保护区保护规划》之中了。

福祥胡同

该胡同明代称"福祥寺街"，因胡同内有福祥寺而得名。福祥寺，建于明正统元年（1436），是武姓太监为英宗祝寿舍宅而修。清雍正二年（1724）平定青海后，噶勒丹锡呼图呼图克图使节来朝，购得此寺作为驻京行馆，改为喇嘛庙，更名宏仁寺。原寺有山门，前、中、后殿。清《乾隆京城全图》中已改"街"为"胡同"，称"福祥寺胡同"，宣统时称"福祥寺"，民国后沿称，1965年整顿地名，去"寺"字称福祥胡同，"文化大革命"时期一度称"辉煌街头条"，后恢复原名。胡同呈东西走向，东起南锣鼓巷，西止东不压桥胡同，全长225米，宽5米。从2009年开始，因地铁

福祥胡同

6号线、8号线南锣鼓巷站的修建,胡同南侧2号、4号院被拆迁。两侧门牌:1~29号,空缺21号;2~10号,仅存10号。

福祥胡同11号院曾住有国民党将军王树常,现由其后人居住。25号院为福祥寺旧址,现仅存部分殿宇。胡同内多为民宅。

蓑衣胡同

该胡同在明张爵《京师五城坊巷胡同集》中称"裟衣寺胡同",清朱一新《京师坊巷志稿》作"蓑衣胡同",并谓此处旧有"裟衣寺,其遗址疑当在此,'蓑'盖'裟'之讹。地以寺名也"。裟衣寺今已无考,常被人与福祥寺混淆。《日下旧闻考》关于此寺有一条

蓑衣胡同

按语："福祥寺在今蓑衣胡同前，旧作蓑衣寺。"清代及其后诸书多沿用此说。不过，在张爵的《京师五城坊巷胡同集》中，既有裟衣寺胡同也有福祥寺街，胡同与街并列，因此《日下旧闻考》的说法值得进一步探讨。"文化大革命"时期，胡同一度改称"辉煌街二条"，后恢复原名。该胡同现在位于地安门东大街北侧，东西走向，呈曲尺形，西端南折。东起南锣鼓巷，南止福祥胡同，北邻雨儿胡同。全长 295 米，宽 3 米。两侧门牌：3~33 号；2~24 号。

蓑衣胡同 2 号是一处古旧的四合院，北京市文史馆馆员，曾为全国政协、北京市政协委员的爱新觉罗·溥任先生在此居住。溥任，又名金友之，现代画家。他是末代皇帝溥仪的胞弟。四合院内房屋虽已十分破旧，但仍保存了原貌。胡同内另有东城区房屋土地经营管理中心交道口分中心等单位，其余为民宅。

雨儿胡同

该胡同明代称"雨笼胡同"，清代称"雨儿胡同"，民国沿称，"文化大革命"时期改称"辉煌街三条"，后恢复原名"雨儿胡同"。

雨儿胡同

胡同呈东西走向，东起南锣鼓巷，西止东不压桥胡同，南邻蓑衣胡同，北靠帽儿胡同。全长343米，宽5米。两侧门牌：1~45号；2~34号。

雨儿胡同内有名人故居四处：33号为粟裕故居，粟裕将军逝世后其夫人楚青及子女在此居住；31号为罗荣桓故居，罗荣桓元帅逝世后其夫人林月清及家人在此居住；13号为齐白石故居，国画大师齐白石曾在此居住，这是一处保存较好的四合院，现为北京美术家协会；11~15号院为董叔平故居，清买办兼北海公园董事会会长董叔平曾在此居住。此外，清代八旗值年旗衙门曾坐落在胡同北侧。胡同内现有交道口街道办事处等单位，其余为民宅。

帽儿胡同

该胡同除"文化大革命"时期改称为"辉煌街四条"外,由清代至今均称帽儿胡同。胡同呈东西走向,东起南锣鼓巷,西止地安门外大街,南与东不压桥胡同相通,北与豆角胡同相通,全长585米,宽7米。两侧门牌:1~71号,空缺17号、19号、29号等6个号;2~48号。

帽儿胡同有着十分丰富的历史资源,原胡同内有文昌宫、斗姥宫(斗母宫)、显佑宫等道教建筑,今已无存。据《京师坊巷志稿》记载:"步军统领署在西北,旧为礼部会同馆。东有文昌宫、斗姥宫。《啸亭续录》:汤敦甫金钊任祭酒时,尚居地安门外文昌宫,无安宅也。《万历沈志》:梓潼帝君庙在靖恭坊,有敕建碑。"

胡同内9号院是清代光绪年间大学士文煜的"可园",11号

帽儿胡同

院曾为其府邸，"可园"现为全国重点文物保护单位，11号院为北京市文物保护单位。13号院曾是北洋军阀冯国璋的居所。35号、37号院是"末代皇后"婉容的故居，她大婚前居于此地，1984年定为市级文物保护单位。21号院为明代梓潼文昌庙（又名文昌帝君庙）旧址，现为东城区文物保护单位。45号院是清代步军统领衙门，俗称"北衙门"，民国时做过保安警察队部，后为中国国家话剧院旧址。现在胡同内有帽儿胡同小学等单位，其余为民宅。

景阳胡同

该胡同明代称"宣家井"，清代称"井儿胡同"，民国沿称，"文化大革命"时期改称"辉煌街五条"，1965年整顿地名时为避免与西城区的井儿胡同重名，故改称"景阳胡同"。胡同呈东西走向，中间曲折，东起南锣鼓巷，西止豆角胡同，南邻帽儿胡同，北通沙井胡同，全长292米，宽5米。

景阳胡同

两侧门牌：1~19号；2~8号。

现在胡同内均为民宅，历史痕迹已少有保留。

沙井胡同

该胡同明代至清代乾隆年间称"沙家胡同",清宣统时改称"沙井胡同",民国后名称沿用。"文化大革命"时期改称"辉煌街六条",后恢复旧称"沙井胡同"。胡同呈东西走向,西端曲折,东起南锣鼓巷,西止南下洼子胡同,南有支巷通景阳胡同,北临黑芝麻胡同,全长294米,宽6米。两侧门牌:3~31号;2~26号。

胡同内15号、17号和19号院是清代光绪年间内务府大臣奎俊的宅邸,为一座三进四合院。其中15号院的前宅于2003年列入北京市文物保护单位,现为北京市文化局占用,其余均为民宅。

沙井胡同

黑芝麻胡同

该胡同明代称"何纸马胡同"。明代宗教盛行,常以纸马祭祀鬼神,因而此地多有制作纸马的作坊,故名。传说此胡同有一何姓糊纸马者,开有一"七巧斋"作坊,后人谐音"何纸马"为"黑芝麻"。除"文化大革命"期间将胡同改称"辉煌街七条"外,清宣统年间至今均称"黑芝麻胡同"。胡同呈东西走向,东起南锣鼓巷,西止南下洼子胡同,全长265米,宽5米。两侧门牌:1~23号;2~24号。

黑芝麻胡同

胡同内13号四合院原为清光绪年间内务府大臣奎俊府邸,1986年定为市级文物保护单位。现胡同内有黑芝麻胡同小学(西校区)等单位,余为民宅。

前鼓楼苑胡同

该胡同明代称"孤老儿院胡同"(见沈榜《宛署杂记》),因胡同内有一养济院而得名。清乾隆年间改称"前鼓楼院",盖因"鼓楼"与"孤老"谐音,且胡同邻近鼓楼所致。清末宣统年间改称"前

前鼓楼苑胡同

鼓楼苑",民国后沿称,1965年整顿地名时改称"前鼓楼苑胡同","文化大革命"时期改称"辉煌街八条",后恢复旧称。胡同呈东西走向,东起南锣鼓巷,西止南下洼子胡同,南临黑芝麻胡同,北与后鼓楼苑胡同相通。胡同现在全长261米,宽6米。两侧门牌:1~19号;2~14号。

现在胡同内均为民宅,7号、9号院为北京市文物保护单位。

蜈蚣街巷（下）

炒豆胡同

该胡同明清皆称"炒豆儿胡同"，1965年改称"交道口南九条"，并将安宁里并入，"文化大革命"时期改称"大跃进路头条"，1979年复称"炒豆胡同"，仍将安宁里并入其中。炒豆胡同西起南锣鼓巷，东至交道口南大街，全长463米，宽5米。从2009年开始，因地铁6号线、8号线南锣鼓巷站的修建，胡同南侧10~18号院落均被拆迁。两侧门牌：1~77号，空缺35号；6~18号，仅存6号、8号。

胡同内73号、75号、77号院为清代博多勒噶台亲王僧格林沁的府邸，俗称"僧王府"，现为北京市文物保护单位。王府府门原开在炒

炒豆胡同

豆胡同，全府几乎占据整条胡同，规模可观。现胡同内均为民宅。

板厂胡同

该胡同清乾隆年间称"板肠胡同"，宣统年间称"板厂胡同"，民国沿称，1965年整顿地名时称"交道口南八条"，"文化大革命"时期改称"大跃进路二条"，1979年复称"板厂胡同"。胡同呈东西走向，东起交道口南大街，西止南锣鼓巷，南有两条支巷通往炒豆胡同，北邻东棉花胡同。全长457米，宽6米。两侧门牌：3~29号；2~34号，空缺30号。

34号院原为炒豆胡同乙23号（今77号）后门，是北京市文物保护单位——"僧王府"的后院。27号四合院1986年公布为东城区文物保护单位。现胡同内有交道口派出所、侣松园宾馆等单位，其余为民宅。

板厂胡同

东棉花胡同

东棉花胡同，明代至 1965 年均称"棉花胡同"，1965 年整顿地名时改称"交道口南七条"，"文化大革命"时期一度称为"大跃进路三条"，后恢复原名，为与西城区护国寺街的"棉花胡同"区分，故加一"东"字。胡同呈东西走向，东起交道口南大街，西止南锣鼓巷，南邻板厂胡同，北靠北兵马司胡同并有支巷与其相通。胡同全长 448 米，宽 6 米。两侧门牌：3~39 号，空缺 37 号；2~40 号，空缺 4 号、6 号、10 号等 5 个号。

现在东棉花胡同 15 号，是一座三进的四合院。原大门已经拆除，垂花门也改建成一间房子，二门就是砖雕拱门，门为拱圆形，

东棉花胡同的砖雕拱门

高 4 米，宽 2.5 米左右。从金刚墙以上均为砖雕。上刻花卉走兽，顶端有朝天栏杆，栏板上雕刻松、竹、梅"岁寒三友"。拱门外两侧雕有多宝槅，槅内雕刻暗八仙图。整个拱门的砖雕布局严谨，凹凸得当，其做工之细、刀法之精实为罕见。这座拱门与其左右两侧民国式拱券窗平房建筑配合紧密协调。现胡同内有中央戏剧学院等单位，其余为民宅。

北兵马司胡同

该胡同明代称"北城兵马司"。明代北京内城设有中、东、西、南、北五城兵马司，负责地面治安捕盗。北城兵马司在此胡同，故名。据明末清初人孙承泽《天府广记》记载："北城兵马司在城内教忠坊。"清乾隆时称"兵马司胡同"，宣统时称"北兵马司"，民国后沿称。1965 年整顿地名时改称"交道口南六条"，"文化大革命"时期一度称为"大跃进路四条"，后恢复原名。1979 年复称"北兵马司"，1981 年定名为"北兵马司胡同"。胡同呈东西走向，东起交道口南大街，西止南锣鼓巷，南有支

北兵马司胡同

巷通东棉花胡同，北靠秦老胡同。全长446米，宽6米。两侧门牌：1~29号；4~24号。

清末东三省总督赵尔巽的府邸在此胡同中，中华人民共和国成立后曾为交通部，现为中央戏剧学院校区。现在胡同内有中央戏剧学院北区、东城区疾病预防控制中心、东城区卫生检测检验中心等单位，其余为民宅。

秦老胡同

该胡同明代称"秦家胡同"，清代称"秦老胡同"，民国沿称，1965年改称"交道口南五条"，"文化大革命"时期一度称为"大跃进路五条"，1979年复名"秦老胡同"。胡同呈东西走向，东

秦老胡同

起交道口南大街，西止南锣鼓巷，南邻北兵马司胡同，北靠前圆恩寺胡同，全长447米，宽6米。两侧门牌：1~39号；4~48号，空缺6号等5个号。

今胡同19号、21号院为北京典型的并列四合院；35号院为清代内务府总管大臣察哈拉氏明善宅府的花园部分，称为"绮园"，1986年定为市级文物保护单位。现胡同内多为民宅。

秦老胡同的老门墩

前圆恩寺胡同

该胡同明代称"圆恩寺胡同"，因此地建有圆恩寺而得名。圆恩寺，建于元至元年间（1264—1294），后多次重修，寺西有广慈庵。清乾隆时始称"前圆恩寺胡同"，宣统时称"前圆恩寺"，民国后沿称，1965年整顿地名时改称"交道口南四条"，"文化大革命"时期一度称为"大跃进路六条"，1979年复称"前圆恩寺胡同"。胡同呈东西走向，东起交道口南大街，西至南锣鼓巷，南邻秦老胡同，北靠后圆恩寺

前圆恩寺胡同

胡同，全长 449 米，宽 6 米。两侧门牌：1~37 号，空缺 27 号、29 号；2~30 号，空缺 10 号、24 号、28 号。

胡同内 5 号院为圆恩寺旧址，现仅存东厢房。现胡同内有中国青少年发展基金会等单位，其余为民宅。

后圆恩寺胡同

该胡同清乾隆年间称"后圆恩寺胡同"。元代时，胡同里曾建有圆恩寺，遗迹现已不存。后圆恩寺胡同因位于过去的圆恩寺之后，故而得名。民国沿称，1965 年曾改称"交道口南三条"，"文化大革命"时期一度称为"大跃进路七条"，1979 年后恢复原名。后圆恩寺胡同呈东西走向，东起交道口南大街，西止南锣鼓巷，南邻前圆恩寺胡同，北靠菊儿胡同，全长 444 米，宽 6 米。两侧门牌：1~21 号，空缺 9 号、11 号；2~48 号，空缺 14 号、24 号。

胡同西部比较狭窄，而东部则比较宽阔。7 号院是一座保存完好的大宅院，现为友好宾馆，民国时曾是蒋介石行辕，中华人民共和国成立后做过南斯拉夫驻华大使馆，1984 年定为市级文物保护单位。院内既有传统中式建筑，也有西洋风格的亭楼，中西合璧，华美壮观。13 号院为茅盾故居，1984 年定为市级文物保护单位，为青少年教育基地，对外开放。中华人民共和国成立后，曾有多位领导人、名人居住在这条胡同里，如著名作曲家施光南的父亲，民主党派人士施复亮，民革中央副主席熊克武，曾任最高人民法院院长的谢觉哉等人。以前普通的住家很少，因而胡同

后圆恩寺胡同

显得格外安静。现胡同内有北京儿童艺术剧院、黑芝麻胡同小学（东校区）、友好宾馆等单位，其余为民宅。

菊儿胡同

该胡同明代称"局儿胡同"，清乾隆时称"橘儿胡同"，宣统时始称"菊儿胡同"，民国后沿称。1965年整顿地名时改称"交道口南二条"。"文化大革命"时期一度称为"大跃进路八条"，后恢复原名。1979年将小菊儿胡同并入，仍称"菊儿胡同"。胡同呈东西走向，东起交道口南大街，西止南锣鼓巷，全长438米，宽6米。两侧门牌：1~107号，其中大部分拆建为楼房式四合院；2~22号，空缺6号。

菊儿胡同内3号、5号、7号院为清直隶总督大学士荣禄府邸。3号院是祠堂，5号院是住宅，7号院是花园。荣禄后迁至东厂胡同居住。3号、5号院于1986年定为东城区文物保护单位。中华人民共和国成立后，7号院曾作为阿富汗驻华大使馆。41号院原为寺庙，据传庙里的开山和尚是皇帝的替僧（替皇帝出家的僧人）。现胡同北侧大部分已拆建成楼房式四合院，胡同内有北京一轻研究所等单位，其余为民宅。

菊儿胡同

寿比胡同

该胡同的西段明代称"臭皮胡同"，因为此地有一熟皮作坊而得名；东段称"肃宁府"，明代大宦官魏忠贤之侄肃宁伯魏良卿曾将府邸设于此处。据《天咫偶闻》记载："交道口西有巷曰肃宁府，明魏良卿封肃宁伯居此。"清乾隆年间东段改称"绥宁府"，宣统年间东段复称"肃宁府"，民国三十六年（1947）西段始称"寿比胡同"，东段仍称"肃宁府"，1965 年整顿地名时将东西两段胡同合并，称"交道口南头条"，"文化大革命"

寿比胡同

时期一度称"大跃进路九条"，1979 年定名为"寿比胡同"。胡同呈东西走向，西端北折，东起交道口南大街，北止鼓楼东大街，南有支巷通菊儿胡同，全长 360 米，宽 2 米。两侧门牌：1~35 号，空缺 29 号；2~6 号。现胡同内均为民宅。

交道口南大街

交道口南大街是南锣鼓巷地区的东界，道路宽敞、笔直、美观，交通方便，为城区南北主要交通干线之一。此街明代为昭回坊、教忠坊的分野，称"安定门大街"，清代属镶黄旗辖地，沿称。民国始称"交道口南大街"，新中国成立后沿称。"文化大革命"时期一度改称"大跃进路"，后复名。元代时，主管大都事务的衙署"大都路总管府"即位于大街北端路口西北侧，该路口时称"大都角头"，"角头"指道路交会之点。清乾隆年间，"角头"已改称"交道口"。"交道口南大街"即因位于交道口南侧而得名。

  大街呈南北走向。北起安定门南大街南端，南止美术馆后街北端，东与麒麟碑胡同、府学胡同、东旺胡同、大兴胡同、北吉祥胡同、香饵胡同相通；西与炒豆胡同、板厂胡同、东棉花胡同、北兵马司胡同、秦老胡同、前圆恩寺胡同、后圆恩寺胡同、菊儿胡同、寿比胡同相通。全长822米，宽30米。两侧门牌：1~113号，空缺15号、17号等7个号；2~158号，空缺84号、148号、156号。

  明清时期，街边建有土地庙、龙王庙等多座庙宇，遗迹现已无存。目前有白魁老号饭庄、东四妇幼保健院、中国航空工业集团等40多家单位，其余为民宅。

交道口南大街

皇城内外

地安门东大街

这条大街因位于地安门以东而得名。地安门,明代称"北安门",清代改称"地安门",是明清北京皇城的北门,与元代皇城北门"厚载门"的位置约略相当。地安门东大街是一条毗邻皇城的街道。

皇城是古代都城所特有的建筑形式,是位于都城与宫城之间的重要区域,由城垣围绕,具有独立的城门。皇城内通常遍布宗庙、衙署、园林苑囿、内廷服务机构等建筑。元大都的皇城位于城市南部正中,包括今故宫、景山、北海、中海一带地区,使整个大都由外城、皇城、宫城三重环围,成为典型的中国封建社会后期京师布局,并为其后明、清两代沿袭。元大都皇城四至为:东垣在今北京东城区南、北河沿大街西侧之南北一线,西垣在今北京西城区西皇城根大街之南北一线,南垣在今北京故宫东、西华门大街稍南之东西一线,北垣在今北京地安门以南之东西一线。据元末明初萧洵所著《故宫遗录》称,皇城"周回可二十里",今实际测得周长约 18.7 里,与所载基本符合。其时皇城城垣称"萧墙""禁墙",又称"阑马墙",这与蒙古族的游牧生活习俗有关。皇城城垣亦为黄土夯筑,故间有坍塌,其规模远逊于明、清北京皇城。

民国时期的地安门

明代因永乐皇帝迁都北京而重修皇城。新皇城在元代基础上有所扩张:向南将新建的太庙、社稷坛囊括其中;宣德年间又向东扩建,将玉河纳入皇城。明皇城四至为:东垣在今北京东城区东黄

地安门东大街

城根南、北街西侧之南北一线,西垣在今北京西城区西黄城根大街之南北一线,南垣在今长安街以北之东西一线,北垣在今北京地安门东、西大街以南之东西一线。皇城城垣也改为砖筑红墙,高8米,厚2米。清代因袭之。

地安门东大街在明代为"皇墙北大街"(见《宛署杂记》)的东段,因地处皇城以北而得名。该街呈东西走向,东起保大坊天师庵草场,西至积庆坊太平仓,今地安门东大街是其过北安门以东的部分。此街清代属镶黄旗驻地,分为"地安门外东城根"和"宽街"两段。民国三十六年(1947)称"黄城根""宽街"。1965

玉河遗址公园

年整顿地名时将宽街并入，合称"地安门东大街"。"文化大革命"时期一度改称"工农兵大街"（西段），后恢复今名。大街东起张自忠路西端，西止地安门西大街东端，南与阳春胡同、东黄城根北街、北河沿大街、火药局六条、东吉祥胡同、安乐堂胡同相通，北与南锣鼓巷、东不压桥胡同、岔子胡同相通。全长1070米，宽20米。从2009年开始，因地铁6号线、8号线南锣鼓巷站的修建，大街北侧67~87号院落，南侧60~66号院落均被拆迁。两侧门牌：39~149号，空缺49号、67~87号等；56~100号，空缺60~66号等。

现大街内有东城区房屋交易管理中心、东城区教委房管所等20多个单位，其余为民宅。大街宽阔笔直，交通便利。

安乐堂胡同

此胡同明代属皇城禁区,称"安乐堂"。清代属镶黄旗管辖,名称沿用。胡同中的安乐堂为明代设立的官方机构,是宫廷中患病的太监治病养体的场所,胡同因此得名。中华人民共和国成立后称"安乐堂胡同"。"文化大革命"期间一度改称"红浪胡同",后恢复原名。胡同位于地安门东大街南侧,为东西走向,呈曲尺形,东端北折。西起地安门内大街,北止地安门东大街,南邻北月牙胡同,东靠西吉祥胡同。

据明末清初毛奇龄所著《胜朝彤史拾遗记》所载,胡同所在地曾见证了一位明代皇帝的诞生。明成化六年(1470),明宪宗

安乐堂胡同

朱见深带领宦官至皇家藏书馆"内藏"视察，见女官纪氏容貌可人，便向她询问内藏的相关情况，纪氏对答如流，言语得体，宪宗极为欣赏，随即临幸。之后，纪氏有了身孕。权倾后宫的万贵妃得知此事后大怒，将纪氏谪居安乐堂。第二年，纪氏在安乐堂产下一子，他就是后来的明孝宗朱祐樘。消息传到万贵妃耳中，她忙令太监张敏将皇子溺死。幸而张敏不忍动手，朱祐樘得以在安乐堂中秘密长大。六年后，张敏将这一消息告诉宪宗皇帝，才使得父子相认，朱祐樘随即被立为太子，成为了后来的孝宗皇帝。

现胡同两侧建筑基本为普通民房，历史遗迹已少有保留。

岔子胡同

该胡同紧邻明清皇城，民国三十六年（1947）始称"岔子胡同"，因其形状如岔子而得名，新中国成立后沿称。胡同呈东西、南北曲折走向。西起地安门外大街，南止地安门东大街，东邻东不压桥胡同，北靠拐棒胡同。全长63米，宽3米。两侧门牌：1~23号；2~6号。

胡同内均为民宅。

玉河桥畔

东不压桥胡同

该胡同是一条依玉河而形成的街巷。玉河是指什刹海至前三门的河段,即从后门桥至北河沿,也被称为"御河",是元代通惠河在大都城里东部的一段。据《元史·河渠志》及《元史·郭守敬传》书中记载,元至元二十八年(1291)都水监郭守敬奉诏兴举水利,工程始于至元二十九年(1292)春,告竣于至元三十

东不压桥胡同

年（1293）秋。水源源头主要是白浮泉，途中汇合一亩泉、马眼泉。又筑白浮堤，穿玉泉山流入昆明湖，再东出长河，从和义门（明清西直门）北侧进入大都城。在今德胜门小关转向东南，注入积水潭和太液池，然后从前海向东流过万宁桥（后门桥），沿东不压桥胡同向东南流，过地安门东大街南流经东板桥，再向东流后转南，经今南、北河沿大街出南水关流入南护城河向东，在今天的朝阳区杨闸村向东南折，至通州高丽庄入白河，全长82公里。这条河使京杭大运河的北端由原来的通州白河岸延伸入大都城内积水潭，不再需要陆路转运通州到大都的漕粮。当年的运粮漕船长达10丈，高9丈，载米四五百石，每年约有6000多艘入京，加强了南北经济、文化交融，对元代的政治、经济、文化发挥了重要作用。这条运河告竣之年，元世祖忽必烈从上都回到大都时，见积水潭内"舳舻蔽水"，极为兴奋，遂命名为"通惠河"。至明代，

玉河河道遗址

通惠河圈入皇城后称为御河,也称玉河或玉沟。

明清以来,御河及其沿途区域的变迁大致如下:东不压桥胡同本是什刹海水从后门桥下进入皇城的通道,是御河的上端,胡同因桥得名。东不压桥是一座东西向的石桥,位置就在胡同的南口外,地安门大街街心稍偏南。原先,明清两代的皇城就从半边桥上通过。这座桥建于明永乐十八年(1420),民国初年拆皇城时一并拆除。明代称其为"布粮桥",有人认为应该是"步量桥",意思是说桥身为皇城占去一半,桥身之窄,可用步量。民国后又改称"不压桥",意思是说皇城拆除,石桥如释重负。20世纪50年代,河道改为暗沟,辟成胡同,称原河道的南北向段为"东不压桥胡同",原河道东西方向通后门桥的一段改属拐棒胡同。

玉河遗址碑

从东不压桥胡同穿过地安门东大街,就是东板桥胡同。这条胡同原称东板桥街,也是因桥而得名。原来的桥是一座南北向的木板桥,是前海之水自东不压桥入皇城后的第一座桥,位于今东板桥胡同与北河胡同接口的地方。北河胡同也是旧日河道,河水由此东行,在水簸箕胡同一带南下。所谓水簸箕,是说这个地方地势低洼,容易存水。

御河由此南下，直抵长安街。这一段以前称作东安门河沿，后来又以东安门为界分为南、北河沿。明永乐年间展拓京城南墙以后，这段河道就不再通航了。宣德年间又把皇城的东墙从御河西岸移到了东岸，更将这段河道划入了皇家禁地，百姓从此不得涉足。直到民国初年，南河沿铺设暗管，改成马路，并且在皇城南墙上开了个豁口，这才重新对民众开放。20世纪50年代以后，北河沿也改为暗管，从此成为通衢大道。

顺北河沿南下，有地名沙滩。这个地名当然与古代河道相关，它的形成应更早于元大都建设之时。只不过原来地名的范围要比后来大得多。今日公安医院以南有银闸胡同。闸的位置在胡同东口外御河中。清代《宸垣识略》中说"骑河桥北有石础堵水中，开二尺许，当即银闸也"。

银闸以南有骑河楼街。所谓骑河楼，实际上指的就是楼阁式的桥梁。这座桥建于明代，在骑河楼街东端横跨御河，街因此得名。在《乾隆京城全图》中记有这座桥的大致式样和这条街的名称。到了清末，桥已久废，只剩下这个街名了。

东长安街以南的正义路原名御河桥。明代初年，御河南出皇城以后，放弃了通惠河故道，沿着一条新开辟的河道笔直向南，穿过正阳门东水关，进入内城南护城河。在这段新开的河道上，依次横架了三座石拱桥，东长安街上的北御河桥、江米巷（今东交民巷）内的中御河桥和紧靠内城南城墙的南御河桥。明代在北御河桥南侧的东、西两岸曾各立一座牌坊，额题"御河东堤"和"御河西堤"，岸边高柳垂荫，葱郁可观。"御河新柳暗如烟，万缕长条碧可怜"，作为当年的京师一景，"御河新柳"常为诗人题咏。明崇祯二年（1629），后金（清）大军攻进长城，京师戒严，"守城官军御寒无具，尽砍为薪，仅存翰院墙东一带矣"。到了清代后期，这段御河被划入了外国使馆界。光绪二十七年（1901）使馆界拆除了南御河桥，改为暗沟，作为六国饭店的停车场。1926年，又改中御河桥以北至长安街一段的御河为暗沟，路面中间辟为绿化隔离带，仍以原来的东西河沿为通道。1924年刚通有轨电车时，此地曾有"御河桥"一站。到了20世纪30年代南河沿改为暗沟以后，北御河桥也被拆改为马路。抗战胜利以后，命名御河桥东侧路为兴国路，西侧路为正义路。新中国成立后，两侧统一命名为正义路。

再具体到南锣鼓巷周边区域，御河所经过的沿岸街巷为后门桥，亦称海子桥，海子桥至布粮桥段西侧是兵仗局，东侧由北至南依次是显佑宫、福祥寺、福祥寺街；布粮桥至二道桥段北侧是火药局，南侧由西至东依次是皮房、巾帽局、纸房、内织染局。明代的御河风景旖旎，诗人游潜有歌咏御河的诗："御河清浅晓粼粼，绿漾平沙柳色新。两岸楼台春似画，紫骝风滚落花尘。"明代吴中四才子之一的文徵明，在京为官时还在御河东岸居住过，因这里"春水一湾，新柳鬖鬖，每集文人吟咏其中"（见《日下旧闻考》卷四十三。转引《春明梦余录》文）。由此看来，明代的御河两岸，确是北京城内风景十分美丽的地方。

清代御河河道依旧，后门桥至东不压桥（步量桥或东步量桥）段，河道西侧由北至南依次是拐棒胡同、口袋胡同、兵局，河道东侧由北至南依次是显佑宫、帽儿胡同、雨儿胡同、福祥寺胡同；东不压桥至北河沿的河段北侧是火药局胡同，南侧由西至东依次是堂子胡同、琵琶胡同、巾帽局、织染局胡同。其中，在清代后期后门桥至东不压桥段河道逐渐淤塞。

民国时期河道依然存在，沿河道有南北向的东不压桥东胡同；河道至东不压桥段西侧由北向南依次是天汇大院、拐棒胡同、口袋胡同，东侧由北向南依次是帽儿胡同、雨儿胡同、蓑衣胡同、福祥胡同；河道由东不压桥至北河沿段北侧由西向东依次是如意胡同、火神庙、头条、火药局、六条、北箭亭。但是随着水量日趋减少，开始自南向北改成暗沟。

新中国成立后，1951年开始全线疏浚，沿河南岸又呈现出杨柳依依的风光。兹后由于不能从什刹海经常向御河放水，在枯水季节水质就较差，又加上城市改造的计划，北河沿段改为涵洞，建成街道。1953年修建四海下水道，御河在东不压桥被截断，留有直径50厘米的倒虹吸管，用作什刹海放水冲刷下游河道。至1956年将御河全线改成暗沟。

现在河道旧址是东不压桥胡同、东吉祥胡同、北河胡同；东不压桥胡同西侧并与之相接的是拐棒胡同，东侧由北至南依次是帽儿胡同、雨儿胡同、蓑衣胡同、福祥胡同；北河胡同北侧并与之相接的是焕新胡同，与之平行的是火药局胡同，北河胡同南侧的胡同由东至西依次是东吉祥胡同、东板桥街、水簸箕胡同。

2000年，为保护与北京城历史沿革密切相关的河湖水系，结合万宁桥（后门桥）保护，恢复了御河起端河道，使历经700

多年风雨侵蚀、斑驳古老的万宁桥重放异彩。2005年，东城区举行历史文化保护研讨会，并举行了"北京玉河历史文化恢复工程"专家聘任仪式。对即将启动的玉河风貌恢复工程，东城区提出了对风貌建筑"应保尽保""搬迁不拆房"的原则，并聘请了郑孝燮、谢辰生、王世仁、宣祥鎏四位专家全程参与。根据"规划方案"的整体设想，东城区将在恢复传统水系的基础上，通过保护历史文化要素，如古河、古桥、传统四合院等，建成以居住功能为主的传统风貌保护区。届时玉河将重现京城水系盛况，玉河河道平均宽度为15米，两岸建筑将以清代风格为主，传统四合院民居穿插寺庙建筑。2007年底施工期间，在地安门路口东约500米路北处挖出600年前元明时期的玉河河堤，并发现了古河道。2009年5月，玉河历史文化保护工程正式开工，重新亮相的玉河北段水道，严格按古河道走向重新修复，自万宁桥起至东不压桥止，全长480米，平均宽18米，水深1米左右。河堤还重新修建了一处水榭、一处曲桥、两处船行栈道和四座挑台，使整个玉河风貌完整统一，别具风韵。

东不压桥胡同便是依玉河河道形成，什刹海的水由后门桥（曾名为万宁桥、海子桥、地安桥）流经东不压桥至北河沿、南河沿汇入内城南护城河。据《酌中志》记载："是河也，从北安门外文昌宫东步粮桥，入经皮房、内织染局、巾帽局、御马监之东、东安门桥下，至长安左门外迤东之玉河桥出焉。"据传此地曾为交易布匹、粮食的集市，故胡同以桥得名。如上文所述，1956年将河道改为暗沟，东不压桥亦被拆除，但留下桥拱埋入地下。1998

年修平安大街时曾被重新挖掘出来,不久又回埋。这里之所以叫"东不压桥",与皇城及北海后门的"西压桥"有关。西压桥那里的皇城城墙从桥上而过,故曰"压"。东不压桥一带的皇城与桥留有一段距离,故曰"不压"。两桥东西相对,故一曰"东",一曰"西"。东不压桥胡同原称"马尾巴斜街",是一条沿水道而形成的斜巷。东不压桥胡同,清代属镶黄旗,乾隆时称"马尾胡同"。所以称"马尾"或"马尾巴",均是取其形状弯曲而谓之。民国三十六年(1947)此巷又改称"东不压桥东胡同"。胡同起从今帽儿胡同西口,至今东不压桥胡同南口。因位于东不压桥之东,故称"东不压桥东胡同"。其西为河道,再西为河道的西侧,称"河沿"。1965年将河沿、口袋胡同并入,称今名。

现胡同在地安门东北部,西北起帽儿胡同,东南止地安门东大街,东与雨儿胡同、福祥胡同相通,西与拐棒胡同相通。全长445米,宽5米。两侧门牌:5~75号,空缺39号;2~42号。

胡同内大宅院比较多。东不压桥40号,居住过神学院院长,北京市政协常委殷继增先生一家。还有《儿女英雄传》的作者文康的故居、京张铁路的设计者詹天佑的故居等文物保护单位。

拐棒胡同

该胡同紧邻玉河,位于水道西南,清代始称"拐棒胡同",因其形状似一拐杖而得名。民国时沿称。"文化大革命"时期一度改称"比学胡同",后恢复原名。胡同呈东西走向,西端曲折。

东起东不压桥胡同，西止地安门外大街，南邻岔子胡同，北接帽儿胡同。全长282米，宽3米。两侧门牌：1~27号；2~28号。

现胡同内有民航幼儿园，其余为民宅。

豆角胡同

该胡同南通玉河，在水道北侧，民国三十六年（1947）始称此名，新中国成立以后沿称。"文化大革命"时期一度改称"红到底胡同"，后恢复原名。胡同呈东北、西南走向，中间曲折。东北起方砖厂

拐棒胡同

豆角胡同

胡同，西南止帽儿胡同，东有支巷通南下洼子胡同，西邻地安门外大街。全长257米，宽5米。两侧门牌：1~27号；2~46号。现胡同两侧的建筑基本为普通民房，历史痕迹已少有保留。

鼓楼

钟鼓楼下

鼓楼东大街

这条大街自元代起就位于鼓楼之下,处在元大都的中心位置。据元人熊梦祥《析津志》所载:"齐政楼,都城之丽谯也。东中心阁。此楼正居都城之中。齐政者,书璇玑玉衡,以齐七政之义。"明初《洪武北平图经志书》又载:"鼓楼在金台坊,旧名齐政。"可见,元大都的鼓楼名为"齐政楼","正居都城之中"(在元大都的中心位置),今鼓楼东大街的西端,就起自元大都鼓楼下偏东的位置,其起点处的建筑名为"中心阁"。中心阁既是元大都中轴线北端的标识,也是一座皇家礼制祭祀建筑。后在元成宗大德元年(1297),以中心阁为主体兴建了大天寿万宁寺,成为祭祀成宗的庙宇。在中心阁与齐政楼之间还有一座"中心台"。《析津志》记载："中心台，在中心阁西十五步，其台方幅一亩，以墙缭绕，正南有石碑，刻曰：中心之台，实都中东、南、西、北四方之中也。"是元大都的几何中心。自元代起，这条大街就依傍着齐政楼、中心阁、中心台等重要建筑，足显位置优越、地位重要。

鼓楼东大街

　　自明代起，将鼓楼和其北的钟楼向东移至今北京鼓楼、钟楼位置，是明清北京城的中轴线的北端，也是今鼓楼东大街的西端起点。今日的鼓楼为明嘉靖十八年（1539）重建，分别在清嘉庆五年（1800）和光绪二十年（1894）进行过部分修整。鼓楼通高46.7米，坐落在高4米的砖砌台基之上，占地面积约7000平方米。楼体面阔五间，三重檐歇山顶、灰瓦绿琉璃剪边。从外观上看，它是一座两层建筑，实际在两层之上还有一个暗层。底层为砖石结构，前后各有券门三道，左右各有一道，东北角还设边门，内砌69级石阶可通上下。二层以上为木结构，四周修有回廊，外侧设望柱和栏杆。鼓楼内部通体彩画，金碧辉煌。二层原本置宋代的铜壶滴漏和铙神用以报时。清代起改用时辰香定更次，并设主更鼓 1 面和群鼓 24 面报时，象征一年二十四节气。现在仅存一面主鼓，直径 1.71 米，高 2.22 米，鼓面由整张牛皮蒙成，上面刀痕累累，是被八国联军所砍。

钟楼在鼓楼以北约百米处，原址在元代建有万宁寺中心阁，后来毁于战火。明永乐年间建成钟楼，与鼓楼一起构成明清北京中轴线的北端。此后钟楼多次毁于火灾。清乾隆十年(1745)重建，两年后竣工。为防止火灾，建筑全部采用了砖石结构。钟楼占地约 6000 平方米，为重檐歇山顶建筑，通高 47.95 米。底层基座的四面均有券门，内设 75 级石阶可上二层的主楼。主楼面阔三间，上有黑琉璃瓦绿剪边覆顶，下有汉白玉须弥座承托，四面分别开一座券门，券门的左右各有一座石雕窗，周围环绕着石护栏。钟楼的正中立有八角形的钟架，悬挂"大明永乐吉日"铸的大铜钟一口。钟高 7.02 米，直径 3.4 米，重 63 吨，是中国现存体量最大、分量最重的古代铜钟。它的钟声悠远绵长，圆润洪亮，在过去北京城尚无高大建筑的时代，可以传播数十里远。钟楼建成之初，

钟鼓楼

楼内悬挂的并非此钟，而是同为永乐年间所铸的一口铁钟，但因为音质不佳，后才改用铜钟。原铁钟则被置于墙边，目前已被大钟寺古钟博物馆收藏。

鼓楼东大街在明代属于昭回坊、靖恭坊的北界，东段称"顺天府街"。清代属镶黄旗管辖，始称"鼓楼东大街"。民国后沿称，1965年整顿地名时将东醋胡同、中醋胡同、西醋胡同并入。大街呈东西走向，东起交道口东大街西端，西止地安门外大街北端与鼓楼西大街相接，南与寿比胡同、南锣鼓巷、后鼓楼苑胡同相通，北与小经厂胡同、大经厂胡同、大经厂西巷、北锣鼓巷、宝钞胡同、草厂东巷、草厂胡同相通。全长1098米，宽23米。两侧门牌：3~331号，空缺5号、9号等25个号；2~34号，空缺16号、36号、44号等5个号。

据明万历年间沈应文《顺天府志》记载，顺天府署曾建在鼓楼东大街东北，附有清虚观、嘉慈寺、广济寺等佛道寺观。清人吴长元《宸垣识略》又载："慈善寺在鼓楼大街路东。"鼓楼前从元代起就是北京城重要的商业中心。根据古代都城"左祖右社，前朝后市"的规制，鼓楼正处在皇城之后，附近多有权贵宅第，不远处的积水潭和什刹海也都是商贾云集之所，因此带动了这一区域商业的发展。直到王府井、西单等商业街兴起后，这里才逐渐衰落。新中国成立后，鼓楼商业街重新繁荣，在保留老字号的同时，又新开了许多商店、饭店和风味小吃店，成为北京城北地区的商业中心之一。现大街两侧多为商户，少部分为民宅。

后鼓楼苑胡同

该胡同邻近鼓楼,清宣统时称"后鼓楼苑",当时因紧邻前鼓楼苑胡同而得名,民国后沿称,1965年整顿地名时将大亨胡同并入,改称"后鼓楼苑胡同","文化大革命"期间一度称"辉煌街八条",后恢复旧称。胡同呈南北走向,中间多曲折,北起鼓楼东大街,南止前鼓楼苑胡同,东邻南锣鼓巷,西靠地安门外大街。全长225米,宽4米。两侧门牌:1~27号;2~40号。现胡同内均为民宅。

后鼓楼苑胡同

方砖厂胡同

该胡同位于鼓楼东南,明代称"方砖厂",这里除了储存皇宫用的方砖外,还设立管理方砖生产的机构——"厂",故名。

方砖厂胡同

清乾隆年间称"方砖厂胡同",宣统年间称"方砖厂",民国沿称,新中国成立后定名"方砖厂胡同"。胡同位于南锣鼓巷区域中部偏西北,鼓楼东大街南部,呈东西走向。东起南下洼子胡同,南止地安门外大街,南与豆角胡同相通,北与辛安里、小厂胡同相通。方砖厂胡同北侧一条支巷,称"香厂",讹称"厢厂",现已并入方砖厂胡同。胡同全长313米,宽7米。两侧门牌:1~103号,缺3号、5号、7号等5个号;2~18号。

　　该胡同71号、73号煤炭部宿舍原为清代一位管理银库的官员居所,绰号"银王家"。现在胡同内均为民宅。

小厂胡同

该胡同清代称为"方砖厂支巷",民国三十六年(1947)称"小厂",新中国成立后定名"小厂胡同"。胡同呈南北走向,是死胡同,南起方砖厂胡同,北不通行,东邻南下洼子胡同,西靠辛安里。全长220米,宽4米。两侧门牌:1~25号,空缺5号、23号;2~22号。

小厂胡同

今胡同21号为砖厂故址。其余为民宅。

辛安里

该地区清宣统时称"马圈",民国三十六年(1947)始称"辛安里",后部分街巷改称"辛寺胡同",新中国成立后仍沿用"辛安里""辛寺胡同"名称,1965年整顿地名时将辛寺胡同部分重新并入辛安里。胡同呈南北走向,北端曲折,西起地安门外大街,南止方砖厂胡同,东邻小厂胡同,全长500米,宽4米。两侧门牌:5~19号;2~106号,空缺34号、96号。

现在胡同内有中国农工民主党中央委员会、东城中医医院等单位,其余为民宅。

辛安里

南下洼子胡同

该胡同清代称"下洼子胡同",民国三十六年(1947)称"南下洼子",新中国成立后始称"南下洼子胡同"。"文化大革命"时期,一度改称"学毛著胡同",后恢复旧称。胡同呈南北走向,是死胡同,南起景阳胡同,北不通行,东与黑芝麻胡同、沙井胡同相通,西与方砖厂胡同、豆角胡同相通,全长276米,宽5米。两侧门牌:1~27号;2~22号。现胡同内均为民宅。

南下洼子胡同

名人撷英

南锣鼓巷历史悠久,历经元、明、清,穿梭近、现代,历史的车轮在这条悠远的小巷中留下了众多名人的足迹。尤其自清人入关以来,一条"旗民分居"的政策让这条街巷愈发喧嚣。700多年来,这里成了一座历史的舞台,各方人士粉墨登场,他们或是煊赫一时,或是慷慨一世,或是成为历史硝烟里的匆匆过客……不过无论如何,他们都已经成为过往,现在留下来供后人凭吊的,只有这些古老而沉默的宅邸故事。

明清名臣勋贵

肃宁伯府

寿比胡同7号院,如今是一座清幽静朴的民家院落。早在400年前的明代,这里则是煊赫一时的勋臣府邸——肃宁伯府。

肃宁伯名为魏良卿(？—1627),直隶河间肃宁(今属河北)人,著名宦官魏忠贤之侄。魏良卿早年在家乡务农,后依仗魏忠贤的势力加官晋爵。明天启五年(1625),东厂太监抓获了一名后金敌军的奸细。这本是一件寻常之事,但由于东厂归魏忠贤主管,于是此事被升格到异乎寻常的高度。攀附宦官的文臣们起草的圣旨说:"魏忠贤赤心为国,殚力筹

肃宁伯府旧址

边,前此屡著奇勋,今又潜消大衅,不烦亡矢遗镞之费,可比斩将搴旗之功,劳在封疆,赏宜超格。""捷音里报于边塞,胜算实出于庙堂。"如此一来,兵备副使、右参政袁崇焕守卫辽东、抗击后金军队的功劳就这样算到了魏氏头上。为了酬答这样的"奇功",朝廷特封魏氏之侄魏良卿为肃宁伯。天启六年(1626),魏良卿又冒功受封,接连晋爵,在一年之内便从肃宁伯升为肃宁侯,再升为宁国公。第二年又借袁崇焕宁远大捷之机加封太师,可谓炙手可热。

但好景不长,这一年天启帝驾崩,明思宗朱由检继位,开始着手惩治权宦。魏忠贤被逮捕降罪,后畏罪自杀。魏良卿也被下狱处斩。魏良卿临刑前为自己辩解道:"我从小生长在农家,能够有地种就已经很满足了,哪想到什么荣华富贵。只因我是魏忠贤的侄子,便有人歌功颂德,为我讨来官爵、封赏。这都是别人强加给我的,我又有什么罪过呢?"从乡间农民一跃成为权倾一时的权臣勋贵,最后又落了个身首异处,其间不过短短几年时间,真是堪称奇事。

洪承畴故居

"兵败松山一怆神,可怜已似楚囚身。朱门今日只余恨,忍死偷生作贰臣"。这是清人为明末清初之时的重臣洪承畴写的一首竹枝词,也是很多人对洪的评价。

洪承畴的地位,在清代乾隆皇帝的时候就被定为了"贰臣",

其实，这一个"贰"字确实精辟，"贰"不但是洪承畴所处的时代特征，也是政治态度的一个表现，更成为朝代更迭之时，很多旧朝大臣一生命运的悲惨写照。

洪承畴，字亨九，福建南安人，他的祖先曾是名门望族，但是到其父亲这一代，已经门庭凋敝，负担洪承畴的学费已经相当捉襟见肘。但是洪自幼聪颖，再加上刻苦异常，终于在明万历四十三年（1615），为乙卯科中试第十九名举人。次年，赴京会试，连捷登科，为丙辰科殿试二甲第十四名，赐进士出身。

洪承畴像

洪承畴的仕途煊赫，是从镇压农民起义开始的。在镇压高迎祥等部的起义时，他的属军曾多次大胜，"洪军"威名远播。不过，明崇祯十一年（1638）九月，清军两路南下，陷真定、广平、顺德、大名等地，高阳失守，大学士孙承宗殉职，卢象升在巨鹿阵亡，京师戒严。两面受敌的朝廷，不得不从西线把主帅洪承畴调来，与孙传庭率军入卫。崇祯十二年（1639）初，洪承畴调任蓟辽总督，领陕西兵东来，与山海关马科、宁远吴三桂两镇合兵。

无奈松山一战，洪承畴兵败被俘绝食数日，拒不肯降。皇太极无计可施，特命大学士、吏部尚书范文程前去劝降，看他是否果有宁死不屈的决心。范文程不提招降之事，与他谈古论今，同时悄悄地察言观色。谈话之间，梁上落下来一块燕泥，掉在洪承畴的衣服上。洪承畴一面说话，一面"屡拂拭之"。范文程不动声色，告辞出来，回奏太宗："承畴不死矣。承畴对敝袍犹爱惜若此，况其身耶？"皇太极接受范文程、张存仁意见，对洪承畴倍加关照，恩遇礼厚，最终打动了洪承畴，成为带领清军南下的急先锋。

上天似乎是和洪承畴开了个不大不小的玩笑：他是明代的股肱之臣，也是清代的开国元勋；他是崇祯帝的救命稻草，也是皇太极的尖牙利爪；他是中原汉人，也是镶黄旗人……所以他的宅邸也是一座跟随旗人住在内城，一座跟随汉人设在外城。

设在内城的这处府邸，就是南锣鼓巷59号的旧宅。据近代学者张江裁《燕京访古录》记载："洪承畴府第在后门方砖厂东口外路东，今已废，唯府门外二铁狮巍然独存，府后门在南锣鼓巷，尚居洪氏子孙。"根据记载我们不难看出，这座宅邸跨越了整个黑芝麻胡同，当时的规模应该是很庞大的，门前还立有铁狮两座，相传为前代遗物。

不过现在的南锣鼓巷59号，已经完全没有了昔日的辉煌景象，旧日的故居已成为居民杂院，院中起有小楼。北房三间前出廊，为合瓦清水脊硬山房，据说是当时洪氏祠堂的所在，但显然已经过后世的翻建，应属清代中晚期建筑。院中居民对院子的了解起先并不很多，但是最近随着不断有人到此"访古"，这里曾是"洪承畴旧居"的史实也逐渐地被街知巷闻了。但是探访者的所得往往令他们大失所望，洪承畴的故事大家还在说，然而他的房子，却早已散落成为历史的尘埃。

文康宅

清代小说家文康，姓费莫氏，字铁仙，一字悔庵，号燕北闲人，满洲镶红旗人，于嘉庆至同治年间在世，著有著名小说《儿女英雄传》。文康曾寓居在东不压桥胡同中。

文康出身于历代显贵的八旗世家。其五世祖温达，在康熙朝自笔帖式授都察院都事，官至文华殿大学士。曾祖温福，乾隆朝工部尚书，官至武英殿大学士。祖父勒保历任巡抚、总督而至大学士，授军机大臣，充国史馆总裁，兼管理藩院，御赐海淀寓园，其一女嫁嘉庆帝四子瑞亲王绵忻。真可谓代有相国，位极人臣，尊荣显赫异常。

关于文康本人的生平事迹，迄今知之不多。唯知其在道光年间任理藩院员外郎，并以"提调官"和"总纂官"的身份参与《理藩院则例》的续修工作。续修则例期间，被授予"郎中上行走"之衔，同时升任"总勘官"。之后出任直隶六道之一的"分巡天津河间兵备道"，管辖河间、天津二府十八州县的钱谷刑名，并兼管河务。咸丰初年，改任安徽凤阳府通判。此后，文康归乡丁忧期间被特命为驻藏大臣，但因身患重疾而无法赴任，不久卒于家中。

文康所著《儿女英雄传》，又名《金玉缘》《日下新书》，是中国小说史上最早出现的一部熔侠义与言情于一炉的社会小说。它一经问世，即以其独特的艺术魅力赢得读者青睐，被人称为"一时杰作"，影响力之大自不待言。此书尤将纯熟、流利的北京口语运用自如。胡适曾称赞道："他的特别长处在于言语的生动，漂亮，俏皮，诙谐有风趣。"《儿女英雄传》不论叙事文字还是人物语言，都写得鲜活灵动，于俗白中见风趣，俏皮中传神韵。《儿女英雄传》语言的成功，深刻地影响了后世小说的创作，成为京味小说的滥觞，它新颖的拟评话形式与纯正的京腔京韵形成了独特的美学风貌。

《儿女英雄传》

清内务府总管索家及"绮园"

《说文》中对"绮"字曾有这样的解释："绮，文缯也。"绮字的原意，是有文采的丝织品，后来，也引申为形容美丽。园林中以"绮"字命名的实例很多，比如圆明园的"绮春园"、避暑山庄的"绮望楼"等等。南锣鼓巷秦老胡同35号就有一座命名为"绮园"的园林，虽然它的形制和规模都不能和皇家园林相比，但是这里也是

绮园大门

绮园

一处别具匠心的园林小品。

"绮园"原为清内务府总管大臣察哈拉氏明善宅邸的花园部分，至于这一家族的历史，《道咸以来朝野杂记》记述："内务府世家，数代为总管大臣者，有明元甫善，世称明索者。其子文澍田锡，孙增寿臣崇，三世者只此一家。"他家"庭宇多而不成局势，盖积渐而成者，屋约数百间"。

内务府的组织源于满族社会的包衣制度，其主要人员分别由满洲八旗中的上三旗所属包衣组成。最高长官为总管内务府大臣，初为三品，清雍正十三年（1735）升为正二品，由皇帝从满洲王公、内大臣、尚书、侍郎中特简，或从满洲侍卫、本府郎中、三院卿中升补。凡皇帝家的衣、食、住、行等各种事务，都由内务府承办。清代的内务府总管一职一直被看作是一个肥差，乾隆年间闻名的大贪官和珅便出任过此职务。索家之所以可以在短期内把自己的宅子扩大到半条胡同，是有其雄厚的财力支撑的。

索家的后代为曾崇，因曾崇的儿媳为清末代皇后郭布罗·婉容之姨，故民间流传该宅是"皇后的姥姥家"的说法，从此这座花园也沾上了皇家的影子。

园内除假山、水池、桥、亭等建筑外，还有一幢仿江南园林建筑——舫形敞轩。后曾家将房屋分割出卖，35号院出售后，买主将花园内建筑全部拆除，另盖房屋，只留下大门东隅一组假山，"绮园"石刻匾额仍存于上。故院落空敞，不似一般四合院紧凑。改建后为三进院落，过厅五间，第二进院正房五间，前出廊，后带抱厦的勾连搭建筑，左带二间耳房，东、西厢房各五间，前面均有走廊，东有穿堂门可进入后院，后院有带廊后罩房九间，主要建筑均为硬山合瓦顶起清水脊，全院长70多米，宽30多米，总面积2000余平方米。现为单位宿舍，基本保持原状。

秦老胡同18号院原为清内务府大臣察哈拉氏明善宅邸的一个门牌，后为多贝子居住。多贝子为清和敬公主的后裔，其父为达贝子达赉，字竹湘，在民国四年（1915）晋封贝子，改称达贝子。达贝子去世后，其子多尔吉袭爵，人称多贝子。这时的多贝子府在帽儿胡同6号院，一座五进到底的院落。在这里，仍设有管事处，还有随侍、男女用人、汽车司机、包月车、鸽子把式等，还雇有两名警察看守大门。1940年，多贝子从帽儿胡同迁到秦老胡同18号院居住。那时后院有月牙河、藤萝架、压水机井，前院有枣树、花池子。西院有两处假山，有船屋、亭子间、佛堂、影堂。1944年多贝子搬离秦老胡同18号院，改居地安门织染局10号院。

荣禄故居

当人们走过菊儿胡同 7 号院的时候，赫然耸立的小洋楼经常引起大家对宅院主人的猜测，但很多人并不知道，这里曾经是清末大吏荣禄宅邸的重要组成部分。

荣禄，字仲华，满洲正白旗人，生于清道光十六年（1836）。他出身于世代军官家庭，历任工部员外郎、内务府大臣、工部尚书、西安将军、兵部尚书、总理衙门大臣等。他固守"祖宗之法不能变"，"百日维新"开始后，荣禄任直隶总督，统率北洋三军，协助慈禧太后发动政变。后晋升为军机大臣。光绪二十六年（1900）策划立溥儁为大阿哥，谋废光绪帝。"八国联军"攻陷北京时，随慈禧太后逃往西安。光绪二十八年（1902）加太子太保、文华殿

荣禄家祠

大学士。光绪二十九年（1903 4月11日）卒，谥号"文忠"。

荣禄故宅在菊儿胡同3号、5号、7号和寿比胡同6号。宅第分为三部分：西为洋式楼房，中为花园，东为住宅，住宅部分为五进院落。菊儿胡同3号是其中保存历史遗迹比较多的一座，是荣禄故宅的第一进院子，现在正房、耳房、厢房和倒座房都还存在，没有加入菊儿胡同的"改造工程"。院内旧墙古瓦，还存有一些历史的风韵。5号的位置原为荣禄家的花园，现在为两座六层新华社宿舍楼，已经没有旧时痕迹。7号的主体建筑是西洋小楼，新中国成立后曾经作为阿富汗驻华大使馆使用，现在已经出租为企业用房。寿比胡同6号是当时和菊儿胡同3号相连的住宅的后两进，尚存旧房数间，在当时是作为荣禄家祠堂使用的。

有人说荣禄是个固执守旧的顽固官僚，有人说他是剿灭维新运动的刽子手，所以许多人很不理解，为什么在这个如此食古不化的重臣家中，竟然有这样一座西式建筑。其实深入思考荣禄这个人，我们不难发现，他的守旧思想其实不同于倭仁等人，他是个标准的"后党人物"。从光绪五年（1879），因忤慈禧太后，又被劾纳贿，降二级，去职十余年之后，荣禄再次进入官场，就变得分外圆滑和世故。他站在了慈禧的阵营，就必然要成为反对维新的干将。

清代末年，西洋的建筑风格已经开始深入到京城的各个角落，上到皇宫大内，下到商铺人家，对于外来的事物都产生了极大的好奇。官宦府邸出现一座西洋建筑，并不是什么稀奇事件。从慈禧太后到荣禄，他们对于外洋的新奇物件从来都是笑纳的，他们所极度抵制的,只是威胁着切身利益的维新变法。

今天的人们,也许已经不能理解,荣禄当时手扶着这座西洋建筑的栏杆,心中盘算朝廷中权势此消彼长的那份处心积虑;我们也许也不会把这座今天看来如此普通的宅院,和当年那场腥风血雨相联系。保留下这座大宅,也保留下了我们对历史的一份略带伤感的真实记忆。

僧格林沁王府及祠堂

走进炒豆胡同73号、75号、77号的一排院落,你可能不会认为它们有什么恢宏之处,但是如果把三座院子连成一气,再加上后面被隔开的独立院落(板厂胡同30号、32号、34号),这个共有房屋200多间的庞大的建筑群落就不能不让人震惊了。它们曾经属于一个共同的主人,清末能配得起这种大宅的人并不很多,而这里,就是属于清代自从开国以来第二位也是最后世袭罔替的蒙古王爷——博多勒噶台亲王僧格林沁。

清嘉庆十六年(1811),僧格林沁出生在内蒙古科尔沁左翼后旗。僧格林沁是成吉思汗的弟弟哈布图哈萨尔的第二十六代孙。由于家道中落,少年时曾随父亲给富人家放过牧,一直到12岁才被送到昌图读书。由于科尔沁左翼后

僧格林沁

旗郡王索特纳木多布斋无子，僧格林沁就被收为养子，后来又继承了王位。因为道光皇帝的赏识，僧格林沁一路加官晋爵，到道光皇帝驾崩时，已成为顾命大臣之一。

僧格林沁戎马一生，主要对手有两个：一个是英法联军，另一个，就是当时的太平天国、捻军等农民起义军。

第二次鸦片战争期间，僧格林沁曾经指挥了著名的大沽口保卫战，他积极筹建大沽海口和双港的防御工事，整肃军队，做好反侵略的各项准备。英法新任驻华公使领所谓换约舰队从上海沿水路北上，行至天津大沽口时，不听清代军队的劝阻和警告，明目张胆地闯入大沽口。僧格林沁下达坚决反击入侵者的战斗命令，督军力战，痛击英法联军。相持数日后，敌舰撤走。

这次大沽口保卫战，是自道光二十年（1840）西方列强入侵以来，中国军队抵抗外国入侵所取得的第一次重大胜利。

咸丰十年（1860）七月，遭受重创的英法联军卷土重来，大沽口炮台还是失守了。清军由通州和张家湾一带向八里桥撤退，英法联军分东、西、南三路对八里桥守军发起攻击。由于南路法军大炮太猛，清军遭到重大伤亡。最后由于清军另一将领败退，蒙古骑兵损失惨重，僧格林沁率部撤退。随后英法联军侵入北京。北京失守后，僧格林沁遭到了严厉的处罚，被褫官革爵，贬为庶民。

咸丰十年（1860），直隶、山东一带捻军四起，僧格林沁被重新召回。清廷恢复僧格林沁郡王爵，命其率一万余清军赴山东与捻军作战。

同治四年（1865）五月，僧格林沁被捻军诱至山东曹州高楼寨,随后陷入重围。五月十八日晚,僧格林沁率少数随从冒死突围,当逃至曹州西北的吴家店时,被一捻军士兵杀死,终年55岁。赐谥号"忠",配享太庙,在北京、山东、河南、盛京等地建"昭忠祠",并绘像紫光阁。

《燕都丛考》载:"博多勒噶台亲王府,在安定门内炒豆胡同。科尔沁郡王索特那木多布斋尚仁宗三女庄敬公主,追封亲王衔。其子博多勒噶台亲王僧格林沁,咸丰时以剿贼功,食双亲王俸,谥曰忠,配享太庙。今王伯彦讷谟祜嗣府为忠王所建,非公主赐第也。"

这里的建造并不是一次性完成的,僧格林沁死后,其长子伯彦讷谟祜袭爵,此府遂称"伯王府"。伯彦讷谟祜死后,因其长子那尔苏早死,故由其长孙阿穆尔灵圭袭爵,此府又称"阿王府"。在这几代人中,王府的规模逐渐扩大,形成了当时颇为庞大的建

僧王府旧址

筑群体。

至民国时，家道败落，难以维持，阿穆尔灵圭被控告"未赡养好家人"，只得将王府拍卖。该府西部为温泉中学，中部为朱家购买，东部除一部分由其子和琳留下外，其余卖给了西北军。

原大门外有影壁，门两旁有上马石，门内有枪架子。腰厅五间、垂花门、上房院、后罩房等均有游廊相通。此外院内还有爬山廊、游廊、花厅、亭、台、水池等。现在板厂胡同30号院内还保留两个四合院，南部四合院内，有两卷的垂花门，带抄手廊，东西厢房各三间。此院有正房三间，左右各带耳房两间。32号还剩最北的一个四合院，有正房三间，东西厢房各三间。

1954年，原宅西部成为某机关宿舍，东部从炒豆胡同61~71号成为民居，面貌已非常杂乱，但可约略知其规模。著名的历史学家朱家溍先生，也曾经在这里居住过，朱老的《旧京宅第》一文，对王府的建制沿革和当时的情况，有非常具体而且生动的描述。朱老当时只住院子西南角的两间耳房，启功先生戏称"蜗居"。朱老的很多著作，就是在这蜗居里完成的。

在僧王府的东南边不远处的东城宽街47号，就是僧格林沁祠堂的所在。这里又称"显忠祠"。坐北朝南，由仪门、享殿及配殿构成二进四合院式建筑。二门前有一碑亭，亭内有石碑，碑高4米有余。碑阳为满文，碑阴无字，碑侧雕龙。民国时，建为怀幼小学，后更名为进步小学、宽街小学，现为东城区教委的房管所，祠的主体建筑保存完好。

僧格林沁一生东征西讨，为挽救垂死的大清帝国做了最后的努力，对于清朝，他可以说是"死而后已"了。他一生的功过，后人也同样褒贬不一，有人说他是抗击英法联军的民族英雄，也有人说他是剿杀起义军的刽子手。

奎俊宅邸和顾孟余

现在的影视剧中，我们经常可以看到一些老北京院落的身影，黑芝麻胡同的13号院就是这样一个院子。人艺著名的话剧《四合院》中的影壁，也是以这座院落为原型而复制的。近些年来，一些热播的电影为这座院子带来了不小的名声，这座坐落于东城区的一个普通院落到底魅力何在，使它可以成为整个北京四合院的一个标志符号呢？

我们先来看看这个院子的历史。这座院子最早的主人，是清末刑部尚书、四川总督奎俊，他虽然不如前面的荣禄这等著名，但是在清末的历史中，也是个不容小觑的人物。奎俊，字乐峯，镶黄旗人，翰林出身，写得一笔好字。其书近赵孟頫，深得精髓，书法作品在当时有很高的声誉，曾著有《益州书画录续编》。他是荣禄的叔父，在义和团运动中，是"东南互保"的发起者之一，在接到李鸿章电文后，积极与张之洞联络，使四川纳入了"互保"范围。此外，奎俊家族富庶，仅在南锣鼓巷就有两处宅邸，被称为当时京城"四大财主"之一。

清代灭亡以后，这座宅子辗转到了当时民国的著名政要顾孟余手中，作为他的宅邸而被使用。顾孟余，原名兆熊，光绪十四年（1888）生于河北宛平，幼读译学馆，后留学德国，毕业于柏林大学。1917年回国，曾担任多个国民政府职务。1928年夏，他与汪精卫、陈公博等在上海集会，成立国民党改组同志会，史称"改组派"。他负责宣传工作，主办《前进》杂志，攻击蒋介石独裁统治。

抗战期间，汪精卫、陈公博投敌叛变，顾孟余力劝无效即由香港回重庆，与之分道扬镳。1941年7月，顾孟余被任命为中央大学校长，1943年初蒋介石在中央训练团开会，要重庆各大学的校长集会，他却派训导长出席。蒋介石对中央大学有所责备，他闻之愤然辞职，蒋介石亲自出面两次慰留未果。学生因闻CC派吴南轩将来校继任，即以一千五百人游行挽留，接着听说教育部部长陈立夫将亲自出任中央大学校长，于是又出现

奎俊故居

了"驱吴拒陈"风波，最后1943年2月召开的行政院第六十次会议批准顾孟余辞职，并决定行政院院长蒋介石兼任中大校长，风波始告平息。

奎俊故居门前上马石

抗战胜利后，顾孟余被任命为国民政府行政院副院长，他拒不就职。1949年顾孟余定居香港，在香港创办《火道》杂志，后定居美国加州伯克利，并受聘为国民政府总统府资政。1969年返台湾定居，1972年6月病逝于台北。

从四川总督到反蒋政要，顾孟余所居黑芝麻胡同13号的宅邸，在貌似平常的建筑背后，却有着风起云涌的历史内涵。这一点，它与北京的诸多典型的四合院无异。

整个黑芝麻胡同13号院呈五进四合院格局，东为花园，西为住宅。后花园拆除，只在东南部保留有一个建在假山上的花厅。大门一间，带雀替，两旁有抱鼓石。门内有影壁，西边有屏门通倒座院，内倒座房为合瓦清水脊顶。二进院的垂花门将二、三进院分割，垂花门为一殿一卷式，门三面有屏门，抄手游廊将院内各房连接，廊子上带倒挂楣子，下有坐凳。三进院有正房三间，前出廊，两侧各带耳房一间，东西厢房各三间，均为合瓦清水脊顶。四进院有东西厢房各三间，均带走廊。五进院有后罩房，前带走廊。大门西侧有一路三进院。倒座房五间，过垂花门为二进院，正房三间，左右耳房各一间，东西厢房各三间，抄手游廊连接。三进院北房五间，东西厢房各一间。

该院构建规模宏大，院落形制完整，尤其是院内砖、石、木雕精细，独具特色。此宅院东部原为大面积花园，有假山、树木及亭榭、轩室、月牙河等，可惜现已拆除殆尽。

顾孟余

除了黑芝麻胡同13号，沙井胡同15号四合院以及17号、19号为奎俊之又一大宅。此宅现存建筑为坐北朝南三进院落。广亮大门一间，街对面有一座一字影壁，大门内有一随山影壁。一进院倒座房东、西各四间，硬山合瓦清水脊。二进院北房三间为过厅，有周围廊连接整个二进院。二进院东侧有跨院，内有北房

奎俊故居内建筑

三间；有一殿一卷式垂花门将二、三进院分割。三进院，有北房三间，前廊后厦，两侧各有耳房两间，东西厢房各三间，院子有抄手游廊环绕。最后一进院的后罩房现从黑芝麻胡同另辟一门出入。该院建筑均为硬山合瓦过垄脊屋面。

这座大宅的大门原位于17号院，宅院内分为中、东、西三路，15号院仅为其东路院。这里曾为北京市群众艺术馆，后归北京画院使用。

婉容故居

"青莲错植宫闱中，惊鸿一瞥顾游龙。荒冢不解春风意，梦里曾经紫禁宫。"光绪三十一年（1905）十月，帽儿胡同的一户贵族宅邸内（就是现在的帽儿胡同35号、37号），郭布罗·荣源喜得千金，他根据《洛神赋》里"翩若惊鸿，婉若游龙"的诗句为爱女起名为婉容，字慕鸿。而这个女孩，就是清代后宫的最后一任主人。

该宅院最初为婉容之曾祖父郭布罗·长顺所建，因其只做过驻防的将军，故而

溥仪与婉容

婉容故居

  其原宅并不豪华显赫，只是一座坐北朝南、东西两路的普通住宅。1922 年，婉容被溥仪圈点为皇后，而她的父亲荣源被授内务府大臣，封"三等承恩公"，住宅升格为承恩公府，也是皇后的"后邸"，故而进行了大规模改建。

  改建的中心是要迎接大婚的典礼，宅门由原来的一间改为三启一式，筒子瓦卷棚，两侧是坎墙棂花隔扇，中间的大门装有镀金门环。垂花门也重新装修，向外一侧的梁头被雕成云头形状，称为"麻叶梁头"，在麻叶梁头之下，有一对倒悬的短柱，柱头向下，头部雕饰出莲瓣形状，酷似一对含苞待放的花蕾，这对短柱称为"垂莲柱"。这座垂花门是整座住宅雕刻的一个精品。

  根据朱家溍先生《旧京宅第》一文的描述："前院正厅虽然举行过大典，但院子还是窄长形的，尽管工程相当精致，还是有局促感。上房院比较大些，东院左右抄手游廊各三间，到尽头没有交代，南面空着，勉强堆些山石，这个院子似乎改建工程没有完工。"但是朱家溍同样指出："上房和东院还各有一槽镂雕凤绕牡丹的落地花罩是高水平的，看来不像新制，可能是宫中现成的活计安装的。"除了木雕花罩之外，正房室内还有一组隔扇，做工讲究，雕刻精美，虽然历经上百年岁月，却完整无缺。

改建之后的皇后府邸由东、西两路组成，其中西路为居住区，由四进院落组成，东路为一小型私家园林，有三进院落。

西路院子，倒座房七间，第一进院北为两卷垂花门，带抄手廊，东西各有屏门通往西边跨院。第二进院，北为三间过厅，左右各带一间耳房，厅后为一狭长院，正中有一座绿漆贴金团寿字木影壁。第三进院为上房院，院内南墙为绿漆贴金板墙，下有砖砌须弥座，中为悬山脊木屏门。正房五间，左右各带一间耳房，为硬山合瓦清水脊顶，前出廊，后带抱厦。室内为井口天花，西次间有一嵌着七面椭圆形玻璃镜的板墙，西梢间北镶有一整面墙那么大的水银玻璃砖镜。东次间、东梢间还有碧纱橱。院内东西厢房各三间，皆为硬山合瓦清水脊顶，前有走廊。从东耳房外过道可进入第四进院。后院有罩房七间，平台廊檐，东西平台房各两间。

东路为三进院落，进大门后有一月亮门，过月亮门有假山石，绕过假山，穿过山洞，可以看到在山石和树木的掩映下的三间正房。正房为合瓦清水脊顶，双卷勾连搭，前带走廊，后有抱厦，室内明间北墙上镶有与墙大小相等的水银玻璃砖镜。此进院正房的两边各有一条游廊，从两翼向前伸出，半包围着前庭院，廊子各间内侧墙上带什锦窗，外侧有倒挂楣子和坐凳栏杆，并一直向北延伸到后院与后罩房相连。后院原有假山、水池，东有家祠。

这里后来也成了著名学者朱家溍先生在北京的第三处住宅，朱家搬出后，这里逐渐分割成为多户民宅，府门改成三间住房，在西边原倒座房处开二小门，一为 37 号，一为 35 号，院中可相通处业已封堵，成为两个院落。帽儿胡同 37 号现为某单位宿舍，35 号为办公用房。

婉容故居

旧日大婚时候的热烈，今天早已淹没在了普通人家的生活琐屑之中。到帽儿胡同探访的人们，还是希冀着可以从建筑的碎片中捡拾出那些对于往日的记忆。当我们这些后人对于婉容的曲折身世扼腕叹息的时候，这座旧宅也许和我们一样，正惦念着它那业已埋身荒冢的女主人。

文煜故居和"可园"

如果将中国私家园林粗粗分类，大致可以分为北方园林、江南园林和岭南园林三种，非常巧合的是，这三类园林中，都有叫作"可园"的代表作品。区别于江苏苏州的可园和广东东莞的可园，位于北京东城区帽儿胡同的这座可园，可以说多少带有些"中隐隐于市"的文人情怀了。

这座宅院的主人，名叫文煜。根据《清史稿》记载，文煜，字星岩，满洲正蓝旗人，历任山东巡抚等要职，后曾一度被罢免。清同治三年（1864）重新起用后仕途亨通，任福州将军、刑部尚书、总管内务大臣，复拜武英殿大学士，死后赠太子少保，谥号"文达"。

他的府宅横跨五座大院，即现在的帽儿胡同7~13号，其中9号为其私人园林"可园"，11号和13号为彼此相连的两座单独院落，7号是两座相对较短的院落。整个宅院以可园为中心，各

文煜故居

有中轴线，但是在对称的同时又不显死板，可以说是清末私人造院的代表之作。

根据文煜的侄子、兵部尚书志和撰写的造园碑文，我们知道可园的始建年代是清咸丰十年（1860），而根据这个时间推算，文宅的其他部分也应该是前后陆续完成的。

碑文中对造园的旨趣做了这样的概括：文煜"慨然谋林泉之乐，此可园之所由创也。叔父曰：凫渚鹤洲以小为贵，云巢花坞惟曲斯幽，若杜佑之樊川别墅，宏景之华阳山居，非敢所望，但可供游钓、备栖迟足矣。命名曰'可'，亦窃比卫大夫'苟合苟完'之意云尔"。

可园中路庭园南北长不过百米，东西宽26米，分前后两进，前院中心为水池，后院中心为假山，前后通过东部长廊相连。前后院都有正厅，并在西厢房的位置上建有小厅，用来和东边的游廊相均衡。全园虽然不大，但是疏朗有秩，错落纵横，很有"壶中天地"的造园意味。在不足3000平方米的园内，有凉亭、水榭、暖阁、假山、走廊、拱桥、清池、怪石、花木、翠竹，布置精巧，独具匠心。现西游廊已有部分拆除，东游廊保存完整，但亦不能通往东院了。

7号院原与游廊相接，假山上有三开间敞轩，至今尚存。7号院西院为两进院落，应该是园林到四合院的一个景色过渡，以园林景色为主。现在大门、倒座房和北房五间尚存。西院假山北原有歇山大厅，但是在后来冯国璋居住时拆除，建有洋楼一座，现在依然存在。而东院格局基本不复存在，仅剩下三间正房。

可园

11号院共有五进，门前有上马石，第一进院落较长，有倒座房七间，垂花门和门前的狮子依然保留。三进院有游廊环绕，东墙上原来开有侧门，可以通往可园。可惜现在游廊已残毁大半。

13号院大门已毁，余有倒座房五间，一、三进院落正房、耳房和厢房都还保存，四进院落比较宽松，正房三间，左右各有耳房两间，西厢位置有一榭与东厢房相对，整个院落游廊基本完整，有古树四株。

整座宅院布局精心，虽然不算庞大，但处处显示了造园者的匠心独具。文煜死后不久，这座宅园也被其后人卖出，几易其主，历经沧桑。北洋政府时，袁世凯死后，冯国璋代理大总统，由南京来北京就任时买下了这座宅院。冯家住在此处时，给院中安装了上下水和电灯。

1925—1927年，少年时代的朱家溍曾经在13号院居住过，后来在其《旧京宅第》中对这里进行了回忆。

日本占领北平时，冯家将这所房屋卖给伪军司令张兰峰。新中国成立后，9~11号院曾做过朝鲜驻华大使馆，后来又改做招待所和单位宿舍。

这座大宅历尽沧桑，现在除了可园保存得相对完整外，其他院落的破坏都已经比较严重，其中以7号院尤甚。

清末将军凤山故居及其拱门砖雕

东棉花胡同15号院，是个三进的四合院。现在原大门已拆除，垂花门也改建成了一间房子，但是，这座老宅还是吸引着络绎不

凤山宅大门

凤山宅砖雕

绝的访客，其原因，就是作为二门的砖雕拱门。

此门为拱圆形，高4米余，宽2.5米左右。从金刚墙以上均为砖雕，上刻花卉走兽，顶部有朝天栏杆，栏板上雕岁寒三友松、竹、梅，拱门外两侧雕有多宝槅，槅内雕有暗八仙图案。整座拱门与其左右两侧民国式拱券图平房建筑融为一体，可谓是巧夺天工，美轮美奂。

这里原是清末一位叫凤山的将军的私宅，后家族改为刘姓。相传此人与慈禧太后交谊甚厚，家资殷实，所以可以居此豪宅。民国初年，凤山死后，家道就此败落，将房产分割出售。

三六桥故居

三六桥即三多,号六桥,蒙古族诗人、学者,姓钟木依氏,汉姓张。清同治十年(1871)五月二十二日生于杭州,属杭州驻防蒙古正白旗籍。清末曾任归化城副都统,库伦办事大臣,金州副都统,东北边防司令咨议等职。三六桥曾居京师东城板厂胡同,家有可园,擅竹之胜,今已遗迹无存。著作有《可园诗抄》四卷、《可园外集》《可园文集》,编辑《柳营诗传》四卷。

三六桥是对《红楼梦》研究有重大贡献的一位蒙古学者。他曾经收藏过一本《红楼梦》异本,在《红楼梦》版本史上地位至为重要,被红学界称为"三六桥本"。

花沙纳与徐世章

崇彝在《道咸以来朝野杂记》中记载:"吏部尚书花沙纳,住炒豆胡同。"花沙纳(1806—1859),清蒙古正黄旗人,乌米氏,字毓仲,号松岑。清道光十二年(1832)进士,改翰林院庶吉士。道光十三年(1833)散馆,授编修,后曾任日讲起居注官,国子监祭酒,都察院左副都御史。道光二十四年(1844)擢盛京刑部侍郎,迁调更为频繁,在内阁六部、满汉八旗等许多部门均曾任职。花沙纳出身于一个蒙古族官宦家庭。他的祖父德楞泰是乾隆、嘉庆两朝的宿将勋臣,嘉庆朝官至领侍卫内大臣。花沙纳擅书法,喜吟咏,文笔亦雅隽,诗文有《韵雪斋小草》《出塞杂咏》《东使吟草》《讲园吟草》等，有一方名砚，为"韵雪斋砚"。天津著名的文物鉴赏家、民国总统徐世昌的堂弟徐世章，一生嗜砚如命，遇有佳砚，多方搜求，不惜重金。徐世章曾经也在炒豆胡同居住，与花沙纳的后人为邻，因而求得花沙纳的"韵雪斋砚"。

除了上述介绍的多处名家宅邸之外，从建筑艺术的角度来讲，帽儿胡同5号院、板厂胡同27号院等一批严格规整的四合院，也是南锣鼓巷的一大建筑特色。这些院子虽然没有声名煊赫的人物居住过，但是也同样作为历史忠实的记录者，记载了那段只属于老北京的细微记忆。

赵尔巽故居

清末名臣、《清史稿》主编赵尔巽的旧宅在北兵马司胡同。赵尔巽（1844—1927），字公镶，号次珊，汉军正蓝旗人，出生于铁岭的官宦世家，堪称中国近代史上的风云人物。赵尔巽于清同治年间考取进士，被授翰林编修，后历任湖南巡抚、户部尚书等职。

光绪三十一年（1905），赵尔巽赴奉天（今辽宁省沈阳市）任盛京将军。他于任上着意整理财政，成立财政局，铸造银圆，创办东三省银号，发行纸币。因其施政得当，为人清廉，在任两年，使奉天省财政大为改观。光绪三十三年（1907），赵尔巽调回中央，后赴任四川总督。

宣统三年（1911），赵尔巽再度前往奉天，成了最后一任东三省总督。不久，辛亥革命爆发，赵尔巽组织"东三省保安会"，以"会长"的名义代替"总督"，维持清朝在东北的最后统治。清帝退位后赵尔巽一度蛰居青岛。

1914年3月，北洋政府成立清史馆，赵尔巽被袁世凯召为馆长。他上任以后，聘柯劭忞、缪荃荪等著名学者100多人，工作人员200多人，名誉职位300多人，组成纂修班底。编修清史期间，恰逢军阀混战，国力衰微，经费极为紧张，特别是1917年后，费用几乎到了毫无着落的地步。赵尔巽对清王朝心怀眷恋之情，认为事关一代国史，"失今不修，后业益难著手"，再困难也不敢诿卸。他一方面节约开支，敦促同人加快进度、多尽义务，一方面以其资望向各军阀募捐，坚持编修10余年。至1927年，赵尔巽见全稿已初步成形，担心时局多变及自己时日无多，遂决定以《清史稿》之名将各卷刊印出版，以示其为未定本。当年，赵尔巽在北京病逝，时年83岁。翌年，《清史稿》正式付印出版。因尚无依中国传统正史体例编写的清朝史书，加之《清史稿》本身史料丰富，使之成为研究清代历史的权威史料，其价值不可忽视。

近代风云人物

民国代理总理靳云鹏故居

南锣鼓巷从南往北数路东的第三条胡同——东棉花胡同的把口,就是中外闻名的中央戏剧学院。它占有东棉花胡同和北兵马司胡同之间西部的一部分。而这里原是段祺瑞政府陆军总长、代理国务总理靳云鹏的旧宅。

靳云鹏(1877—1951),早年毕业于北洋武备学堂,受袁世凯信任,任山东都督,1919年后任段祺瑞政府陆军总长、代理国务总理。靳云鹏买下这里后,拆除了部分四合院,建了几座西式楼房。1921年靳云鹏辞职后,长期在天津居住。据棉花胡同附近住户回忆,直到20世纪60年代,院里仍有几处旧楼。但是,又过去了40年,旧建筑已全部拆除,靳宅早已无迹可觅。

靳云鹏

铁路设计师詹天佑故居

詹天佑于咸丰十一年（1861）出生在广东南海，是清政府首批派往美国的留学幼童之一，也可以说是这批留学生中在理工科最有成绩的学员。光绪七年（1881）他从耶鲁大学毕业，回国后，开始参加国内的铁路建设，创造了中国铁路史上的多个"第一"：他设计了第一条由中国人自主完成的铁路——京张铁路；主持了中国第一条长隧道——八达岭隧道的修建；第一次制定了我国的铁路工程标准和行车制度。

詹天佑虽然为广东人，但是一生主要的成就都是在北方完成的。他的住处，据《岭南文物志》记载，就在当时马尾巴斜街26号。马尾巴斜街即今天的东不压桥胡同，但关于詹天佑旧居在胡同中的具体位置现在却记载不一，有16号、18号、20号、28号和14~18号几种说法。据笔者实地踏查，目前28号院比较集中地保留了一些遗迹，主要包括一座垂花门和亭子。垂花门位于院子中部偏西，其梁柱间架尚好，但顶部已残缺不全，无法判定式样。亭子位于院子前部，样式为攒尖顶四角亭，横梁上依稀可见彩绘，除四个檐角有些破损外，基本保存完好。目前有住户依托亭子在四面延建房屋，亭子的全貌已难辨识。此外，院子里还残留有一

詹天佑

对上马石。这个院子在中华人民共和国成立后曾作为石油部的宿舍。另据《北京东城：历史文化风貌与现代都市文明交相辉映的魅力之区》一文报道，在 2006 年启动的"北京玉河历史文化恢复工程"中，詹天佑旧居已纳入保护范围。不过也有说法，詹天佑本人并没有在这个地方居住过，而是詹氏后人将这里作为宅邸。詹天佑一生清廉，不义之财从不沾染，而且不存地域偏见，他所提携的也多是北方的工程师。作为中国的第一代近代科学家，詹天佑可以说是后来人的一个楷模。

"北洋三杰"冯国璋旧宅

帽儿胡同 13 号、15 号是直系军阀首领、民国副总统冯国璋的旧宅。冯国璋（1859—1919）字华符，直隶河间西诗经村人，据《冯氏家谱》所载为明代开国勋臣冯胜的后代。冯国璋童年在家乡私塾读书，青年求学于保定莲池书院，后进北洋武备学堂学习。由于刻苦好学，毕业时因成绩优异而留校任教，颇受学生敬佩。清光绪十九年（1893）始投聂士成军中充当幕僚，甲午战争中转战东北前线，因得聂士成重用而屡有升任，成为冯国璋发轫之始。光绪二十一年（1895），冯国璋以军事随员的身份随驻日使臣裕

冯国璋

庚出使日本，并留心考察日本军事，回国后编成兵书数册。初呈聂士成，未受重视，转呈袁世凯，被视为"鸿宝"，并谓"军界之学子无逾公者"。遂被委任为督操营务处总办，新军兵法操典多为他一手修订。与合肥段祺瑞、正定王士珍合称"北洋三杰"。

辛亥革命爆发后，冯国璋受命率北洋军赴湖北镇压革命。他指挥清兵激战四昼夜，终于攻占汉口；为绞杀革命，纵兵放火焚烧繁华街市，居民死亡甚多；克汉阳后又隔江炮击武昌，革命受到严重威胁。因攻打汉阳有功，冯国璋被清廷封为"二等男爵"。此后，袁世凯为达到个人目的下令停战，企图通过"南北议和"抢夺政权，冯国璋奉命留京，为迫使清室让位和保留清室优待条件做了大量的工作。

民国期间，冯国璋先任总统军事处处长兼统禁卫军，后与张勋的"辫子军"共同攻克南京，扑灭了"二次革命"。其直接和间接控制的军队达2万余人，成为雄踞一方的大军阀。袁世凯去世后，国会选举他为副总统，仍兼任江苏督军。张勋复辟失败后，他以副总统代总统，抵京就职。任代理总统期间，冯国璋从文煜后人处买下此宅和5号、6号院，这处宅院便拥有了短暂的成为总统府邸的经历。此后，冯国璋因与国务总理段祺瑞的矛盾难以调和而被迫下野，他下野后便一直居于此地。

1919年冬，冯国璋"忽感风寒，医治不愈"，于12月28日夜11时许病逝于北京帽儿胡同居所。临终前口授遗言给徐世昌："和平统一，身未及见，死而遗憾，希望总统一力主持，早日完成。"并嘱家人薄葬。此后，其家人将宅子的一部分出租给了朱家溍的父亲朱文钧。日本占领北京期间,冯家将此房卖给了伪军司令张兰峰。

蒋介石行辕

历史的悠长赋予了南锣鼓巷很多宅邸传奇的身世,它们静默地立在时间里,就像一个个不会讲话的记录者,记录着王朝的起伏,记录着家族的兴衰,也记录了那些历史人物的特殊时刻。后圆恩寺胡同7号就是它们中的一员,历史在这里轻轻地擦身而过,留下了一声长久的叹息。

这所中西合璧式住宅,原是清代庆亲王奕劻第二子载旉的府第。庆亲王奕劻为乾隆皇帝第十七子永璘之孙,是清代后期加封的三个"世袭罔替"的亲王之一,是当时皇家出名的敛财高手。载旉为奕劻第二子,光绪三十二年(1906)封镇国将军。载旉的聚财本领显然远远逊于他的父亲,而是清末民初时期"纨绔子弟"的典型代表。这座宅邸,传说就是他为了取悦当时的名妓"小红宝"而建的。但是建成后不久,就因为他的滥赌成性,宅邸被输了出去。后来转卖成为法国一家企业的办事机构。

宅院分中、西、东三路:中路为一座西洋式楼房,砖混结构,地下一层,地上两层半;楼前有一个带喷泉的水池,池中叠石为山,池周有从圆明园移来的刻石点缀;池东南有一座八柱西式圆亭,中路东侧有南北走向的假山,与东路相互连接。西路为二进四合院,院内围廊环绕。东路庭院开阔,有花厅、敞轩、凉亭、游廊

蒋介石行辕

等建筑。

　　后来，这座宅子有了更为煊赫的历史名声，那就是在抗日战争胜利后，这里作为蒋介石在北京的行辕，使用时间应是1945年12月11日蒋介石飞抵北平到1949年1月31日北平和平解放。其间，蒋介石在北平行辕有两次重大活动：一是1945年12月来北平，以"抗战领袖"的身份慰问北方同胞，趁机抢夺抗日果实；二是1948年9月来北平，应付"辽沈战役"。

　　1945年8月15日，日本宣布无条件投降。当年的"双十节"，在故宫太和殿广场，国民政府军第十一战区司令长官孙连仲主持了日本华北侵略军签降仪式。12月11日，蒋介石飞抵北平，部署内战。13日，蒋介石在这里接见了蒋经国、傅作义，并将陈继承任命为第十一战区副司令长官。16日上午，蒋介石在故宫太和殿向北平18000名大中学生训话，接受学生的"献剑"；下午，在东交民巷检阅驻北平美国海军陆战队。18日，蒋介石一行离开北平。

"辽沈战役"时，蒋介石在这里曾召集傅作义、卫立煌等人开会部署战局。当时会议开了四五个小时，蒋、卫之间意见对立，无法统一。卫坚持要集中兵力守沈阳，而蒋则非收复锦州不可。

中华人民共和国成立后，中共中央华北局曾设在这里。1949年4月上旬至5月中旬，刘少奇受党中央和毛主席委派，到天津视察工作。那时刘少奇已不兼任华北局书记，因为天津属华北局管辖，他临行前，还亲自到后圆恩寺胡同华北局机关打招呼。

20世纪50—60年代，这里曾先后为南斯拉夫驻华大使馆、中国人民对外友好协会的会址，现在是中办直属的友好宾馆。

短短百年间，后圆恩寺胡同7号经历了时代的重大变迁：纨绔子弟的风月场所、洋人驻京的办事机构、国民党总裁的临时宅邸、中共中央的办事机关、南斯拉夫的驻华使馆……今天，当"满洲王公""国民党政权""南斯拉夫"这些词语，都已经成为只能在历史书上找到的字眼儿时，只有这座老房子，还停留在我们的视线之内，供我们这些回望往事的现代人纪念和追忆。

赵登禹将军故居

抗日爱国将领赵登禹将军曾在辛安里98号居住。赵登禹（1898—1937），字舜臣，山东菏泽赵楼人，著名的陆军上将，民族英雄。赵登禹自幼习武，于1914年加入冯玉祥将军部队，1926年参加北伐，1933年任第29军第37师第109旅旅长，后任第132师师长。

赵登禹

1933年初,日本侵略军越过山海关,开始侵袭热河省(今并入河北、辽宁、内蒙古等地)。日军在3月4日攻占承德后,开始向长城各口大举进攻。10日,日军逼近喜峰口,赵登禹率部星夜跑步急行军40华里,在日军之前抵达喜峰口孩儿岭,并将敌人先头部队击退,在孩儿岭及口门一线稳住了前沿阵地。为了有效消灭进攻阵地的敌军,赵登禹要求部队待敌进至百米之内再突然出击,以手榴弹炸,用大刀砍。由于两军混杂,敌人的飞机、大炮、坦克无法发挥作用。入夜后,赵登禹又利用敌军警戒疏忽之机,率部从两翼迂回敌人侧后,进行包抄袭击,打得敌人措手不及,死伤甚重。战斗中,赵登禹腿部被炸弹击伤,但仍裹伤出击,率部与敌人肉搏相拼。激战数日,敌人多次攻击不果,锐气尽挫。中国军队取得了喜峰口战役的胜利,狠狠地打击了敌军的嚣张气焰。

1937年7月7日全面抗战爆发后,7月下旬,日军调集数以万计的军队,在飞机和坦克的掩护下分别向北平、天津及邻近各战略要地大举进攻。当时担任132师师长的赵登禹,率部抗击日军入侵,守卫北平城外的南苑。是役日军出动了40余架飞机轮番轰炸阵地,又调集3000人的机械化部队在地面发动猛攻,将中国军队切成数段,分割包围,中国军队在敌人炮火和飞机的狂轰滥炸下损失惨重。132师将士在赵登禹的带领下，不畏强敌、奋勇抵抗，誓死坚守阵地。7月28日，赵登禹在奉命向北平撤退的途中遭到日军伏击，不幸壮烈殉国，牺牲时年仅39岁，是抗日殉国的第一位师长，后被追授为陆军上将。

1945年后，北平市政府将北沟沿命名为赵登禹路，以示纪念。新中国成立后，北京市人民政府对位于卢沟桥西道口的赵登禹烈士墓进行了多次修缮。

赵登禹将军的故居曾为东城区中医院，现为马叙伦纪念馆，民进中央开明画院。原四合院遗迹已不存。据赵登禹长女赵学芬老人回忆，她幼时在院中抬头即可望见鼓楼，院里还有假山和大荷花缸。

茅盾故居

茅盾故居位于后圆恩寺胡同13号。1974—1981年茅盾先生曾在此居住。

茅盾原名沈德鸿，字雁冰，浙江桐乡人，现代著名作家，进步文化的先驱者。他1913年进入北京大学预科学习，开始接受进步思潮的文化熏陶，1919年以极大的热情参加了轰轰烈烈的"五四运动"。1921年在上海加入共产主义小组并正式成为中共党员。他曾与鲁迅并肩战斗，组织并参加了"左翼作家联盟"，为反击国民党的文化围剿做出了卓越的贡献。抗战爆发后，茅盾主编了《文艺阵地》杂志，广泛宣传抗日救亡运动，成了抗战文

茅盾故居

艺的急先锋。抗战胜利后,又积极响应"反独裁、反内战"运动,为解放思想的普及而不懈奋斗,呼唤着新中国的到来。新中国成立初期,茅盾先生参与筹备了"中国人民政治协商会议"和"第一次全国文代会",是新中国成立后的第一任文化部部长,又任"全国文联"副主席,逝世前任中国人民政治协商会议第五届全国委员会副主席、中国作家协会主席。1916年以来,茅盾先后创作并发表了《子夜》《烛》《虹》《林家铺子》等一大批杰出的文学作品,翻译了许多国外名著,为我国的进步文化事业鞠躬尽瘁,辛勤奉献了大半个世纪。1981年3月27日在北京逝世。

1974年茅盾搬入后圆恩寺胡同13号居住,其所属地面,曾经是元代的圆恩寺旧址,时过境迁,这里早已没有了雕梁画栋,只是南锣鼓巷地区一座极为普通的两进小四合院。走进茅盾故居,门前影壁上为邓颖超题写的"茅盾故居"四字,影壁后即前院,有北房三间,东西厢房三间,倒座房六间。西厢房是茅盾先生生前的书房和会客室,东厢房为饭厅。现在前院各厅室均为陈列室,展陈一些手稿、信件、文学刊物等,介绍茅盾先生一生的革命活动和文学创作。1986年在前院增立了茅盾半身像,以纪念这位文学巨匠。北房东有夹道通向后院,六间正房掩映在两株枝叶繁茂的太平花后。正房室内的布置陈设均为茅盾先生生前原状,正中第一间为起居室,室内北墙书柜上藏有大量书籍资料,均是按照主人生前的样子排列的。室内还有写字台、单人沙发等简单陈设,写字台上的日历永远停留在了1981年2月19日。日历上的这一天是茅盾先生病重入院前亲手翻开的最后一页。起居室西专辟为"茅盾文库",用以存放一些藏书及各个时期、各种版本的茅盾作品。起居室东是卧室,小床横卧在卧室正中,案几上堆放了大量期刊、

茅盾故居院内

资料,这些都是主人亲手搜集并经常查阅的,现在依然完好地保存在这里。可以说,整个故居的里里外外没有一处不透露着它主人生前的朴素与简洁,站在这书墨与花草交互芬芳的故居里,我们是能够感受到茅盾先生伟大而又平凡的气息的。茅盾故居现为北京市文物保护单位。

齐白石故居

齐白石故居位于雨儿胡同13号,新中国成立后齐白石曾在此居住。

齐白石,字渭清,号兰亭、濒生,别号白石山人,湖南湘潭人,20世纪的国画艺术大师。同治三年(1864)出生,早年学徒木匠,以木雕临摹《芥子园画传》,渐习国画,先后师从多位艺术、文化领域的名家硕匠,独游祖国的大好河山,终成丹青巨匠。齐白石1926年任国立北平艺术专科学校名誉教授,后任北平美术作家协会名誉会长,新中国成立后任中央美术学院名誉教授、中央文史馆研究馆员、全国美术家协会主席等职,1957年病逝,终年94岁。

齐白石

雨儿胡同13号是新中国成立后中央政府为齐白石配置的居所,不过,不久以后因为老先生始终惦念西城旧地,遂回迁西单辟才胡同西段的跨车胡同13号。雨儿胡同13号内旧建筑为清代中晚期建造，据说最初曾为一内务府大臣的私宅，因为建筑规制的僭越，遭人弹劾，无所终。以后此宅被分割为数块，现在的齐白石故居为原宅东部的一部分。故居如意大门一间，但此门已不是旧物。门内无影壁，倒座房两间。南房三间带周围游廊，西接顺山倒座房三间。正房

齐白石故居

三间并左右耳房各三间，东西厢房三间，均为硬山顶。正房内南窗镶满玻璃，采光极佳。明间隔断上左右楹联为"本书以求其质，本诗以求其情，本礼以求其仪，本易以求其道；勿展无益之卷，勿吐无益之话，勿涉无益之境，勿近无益之人"。横楣为"乐生于智，寿本乎仁"。落款"恕庵书于琴剑书屋"。西跨院有六方砖门，题额"紫气东来"，此门现已封堵。20世纪50年代齐白石迁出后，13号院设立齐白石纪念馆，"文化大革命"时期被撤销，改为北京画院驻地，现为中国美术家协会办公地。东城区文物保护单位。

现代杰士名家

罗荣桓元帅、粟裕将军故居

罗荣桓是中国的军事家，政治家，中华人民共和国元帅，中国人民解放军创建人和领导人之一。罗荣桓元帅的故居在雨儿胡同31号，在粟裕将军家的前面，两家合住一个四合院。1963年12月罗荣桓元帅逝世后，其夫人林月琴及家人一直住在这里。

罗荣桓

粟裕是中国人民解放军高级将领，卓越的军事家，1955年被授予大将军衔。1984年2月5日病逝于北京。粟裕将军的故居在雨儿胡同33号，从20世纪50年代开始定居在北京，粟裕和夫人楚青就住进了雨儿胡同的这个四合院。那时，元帅将军们大都是两家合住一个院，粟裕将军跟罗荣桓元帅家合住。这样，

粟裕

一个四合院就被分成了两半，罗荣桓元帅一家住在前院，就是现在的31号院。粟裕一家住在后院，就是现在的33号院。说是后一半，其实也很简朴，连接前后院的走廊，就势隔出了三间卧室和一个长条形的客厅。三间卧室三个孩子一人一间，走廊的尽头左边一个单间是粟裕夫妇的卧室，右边一间曾经是书房，现在为了让不断前来纪念大将的人们有个哀悼之所而常年设成了灵堂。在粟裕大将故去24年后，楚青老人一直用自己的方式和丈夫相互陪伴着。现在这个家已经是四世同堂。

王树常故居

福祥胡同11号院曾住有国民党将军王树常，现由其后人居住。

王树常，字霆午，清光绪十一年八月三日（1885年9月11日）生于今辽宁省沈阳市辽中县肖寨门乡南三台子村的一个地主家庭，出生时已经家道中落。他性格内向，不苟言笑，自小奋发读书，希冀出人头地，实现显赫门楣的抱负，因此才有后来两次负笈东渡求知于异国并获取较高学历的经历。

清末废科举兴学堂，奉天首创大学堂，王树常以优异成绩考入。同时他四处求师，长足进取，受到东三省总督徐世昌赏识，选派其留学日本，与当时同在日本留学的蒋介石、张群均有往来，由此迈开军旅生涯的第一步。

他曾任张作霖第27师参谋长、奉天"镇威军"司令部参谋处长、河北省主席，深受张氏父子器重。王树常积极维护祖国统一,坚决反对分裂,支持张学良"易帜"。1928年7月2日东三省议会在奉天召开大会,东北临时保安委员会成立,王树常是十七委员之一。张学良就任东三省保安总司令后,先整编军队,王树常任军事参议官兼军令厅长。

1932年8月任平津卫戍司令期间,王树常赞成中国共产党关于停止内战

王树常故居

一致抗日的主张,同情学生抗日救亡的爱国行动,曾释放过一些被捕的爱国学生和中共地下党员。

抗战胜利后,王树常希冀国共两党继续合作,以图和平建国,造福于人民,他曾去南京找蒋介石请愿,要求停止内战。但蒋介石一意孤行要打内战,王痛心疾首,因此他始终没有卷入内战旋涡。蒋介石曾一度想利用其在东北的影响,任命他为东北行辕主任,因遭陈诚、何应钦反对而作罢。事后张群向王泄露这一内幕。王一怒之下要求退役,这一"上将退役"事件,当时曾轰动国民党军政界。

北平解放前夕,蒋介石曾给王树常送去飞机票,要王氏夫妇去南京,王树常则借口年老体弱,家小众多,拒绝随国民党南逃

而留居北平。后来他为北平和平解放积极奔走，从中斡旋。北平解放后，周总理对王树常给予了亲切关怀。新中国成立后，王树常积极参加新中国的革命和建设工作。他曾出任水电部参事室参事，第二、三届全国政协委员，民革中央团结委员。

王树常于1960年因病在北京逝世，终年75岁。

朱家溍故居

朱家溍是我国著名文物专家和清史专家，还是著名的戏曲研究专家，宋代理学家朱熹的25世孙。朱家溍在北京曾住过四所房子，其中有三所都坐落在南锣鼓巷。

朱家溍在北京住过的坐落在南锣鼓巷的第一所房子在帽儿胡同路北，旧7号（现在13号、15号）。这座宅院的第一个主人是文煜，字星岩，满洲正蓝旗人，清光绪年间的武英殿大学士。这所房子是清同治年间文煜外任时，由留京家人经理建造的，虽然房子建造年代不算远，但房新而树古，后园的楸、枣、柏、桧、榆都是入画的古树，非一般宅院所能及。冯国璋当民国代总统时，从文家买下了旧7号和旧5号、旧6号这三处宅子。1918年冯国璋下台后，就困居在帽儿胡同。1919年12月28日，因伤寒不治，冯国璋在这里去世。冯国璋去世后，他的家人将宅

朱家溍

朱家溍故居

子的一部分出租给了朱家溍的父亲朱文钧，1922—1929年，朱家溍在这里度过了他的童年和少年时光。

据朱家溍先生回忆，这所宅子的车门内是大门，门左右倒座门房七间，无影壁，有垂花门两卷，门内正方院落，正厅三间左右耳房及过道院。东西厢房各有盝顶，四周游廊连接。东西过道都可以进入上房院。上房院无垂花门，前院正厅的后檐即坐落在院中。上房五间，左右耳房及过道、东西厢房各三间，但东厢房只有二尺进深，是一座外檐装修齐备的假屋。中间四扇屏门永远关闭，如果开门可通东院。由西过道院可进入后花园。北房三间和左右耳房各两间是园的主屋。虽然和前面两进院在一个中轴线上，但此园面积大于前面两进的院落，并且向西延展。正房廊檐攒扇通往东边的游廊只有三间即向南拐弯，而通往西边的游廊则到九间才向南拐弯。东边是借东边西厢房的后檐接造一卷三间抱厦。西边是实有三间西厢房，在廊檐前接盖一卷单间敞厅，故无东西厢正直相对的整体感觉。南面为前院五间上房之后廊檐，朝北的门窗借为此园所用，中门下阶与园中诸景有石子路曲折相通，阶上则四周回廊高低相连。园虽不大，而山石竹树布置适宜，故南北房亦无严正相对之感。西厢房为池上居，涟漪返照日影，摇漾在橡楣间，颇具画舫之趣。自画舫下阶过石桥，假山屹立，山南种了很多种牡丹，坡下楸、枣各一株。山之东，一亭踞于石上，亭边松竹参差。亭东，古柏三株亭亭如盖，介于东南假山间。北廊偏西，有一随墙屏门，是井院，井院以北有后罩房十间。以上为帽儿胡同旧7号（现在13号、15号）全部房屋。它和旧6号、旧5号（现在11号、9号、7号）原是一个建筑组群。日本占领时期，冯国璋家的这所房卖给了伪军司令张兰峰。

朱家溍在南锣鼓巷住过的第二所房子在帽儿胡同旧门牌号15号（现在35号、37号）。这所房子是宣统皇后郭布罗氏（即婉容）的家。用清代的说法，称为"后邸"，为婉容之曾祖父郭布罗·长顺所建。长顺只做过驻防的将军，因此该宅并不显赫，原只是较普通的住宅，分为东、西两路。在婉容被册封为皇后以后，其父荣源按制度被封为"三等承恩公"，所以这所房子就成为承恩公府。为迎接皇帝大婚就要按制度对"后邸"装饰一下，把一所普通住宅打扮成"府"的气派。还必须将府门及前院扩大以方便迎奉皇后凤辇的进出。为了给荣源修房子，内务府花了很多钱。载涛贝勒负责总办大婚典礼的一切事宜，议定大婚经费100万两。为此，向英国汇丰银行抵押借款，将41箱金银器皿，两大木桶瓷器、玉器，用11辆汽车运往东交民巷英国汇丰银行。

这所房子的路北三间是筒瓦卷棚式府门，银朱油彩画、贴赤金。中间大门铜镀金门环，左右两间坎墙雕菱花隔扇窗各四扇。门内三间面阔的影壁一座，左右大屏门各四扇。进西屏门，一个长形院，南房七间。北面垂花门两卷，屏门四扇，北房筒瓦卷棚式正厅三间，左右耳房各一间。东西抄手游廊，各有屏门通往跨院。正厅后隔扇门外为一窄长院，正中绿油贴金团寿字木影壁一座。上房院南墙绿油贴金板墙，下有砖砌须弥座，中为木悬山脊大屏门。上房五间，左右耳房各一间，东西厢房各三间，均有廊檐而无游廊相通。由东耳房外过道可进入后照房院，后照房七间，平台廊檐，东西平台房各两间，院中有槲树一株。以上是正院四进。

从正院前厅东游廊屏门和上房院东北角屏门均可进入东院。有北房三间，也是银朱油彩画贴金。有前檐后厦三间平台。前廊檐左右攒山通左右游廊。屋后有假山、曲池。东为祠堂院。以上是东院三进。

正院前厅西游廊屏门外，一小长院，西墙瓶式门内一小院，北墙月洞门，进门为藤萝架院，西房三间，中间南路通往正院西厢房后隔扇门。以上是西院。现在，府门已改成三间住房，在七间南房的后檐墙开了两个小门，这就是现在的35号和37号，院中可相通处也已经堵死，成为两个院落。

朱家溍在南锣鼓巷的第三所房子在炒豆胡同，后门在板厂胡同。这所房子是僧格林沁王府的中所。僧格林沁王府由中、东、西三所房子组成，各有四进，其中东所除正院四进外，尚有东院四进。从这座王府的全部结构，可以明显地看出中所和西所是一个建筑组群，东所和东所的东院又是一个建筑组群。这两个建筑组群的工料不是一个水平，风格也各有其特点。中所正院正房之柱础约二尺五见方，房椽直径约五寸，山墙下肩及坎墙都用城砖干摆。挑檐石及压面石长约五尺。台阶五层，举架高大，面阔一丈多，进深二丈四寸。耳房的面阔大约一丈。正房及耳房内都是"金砖"墁地，地炕，楠木雕万福纹碧纱橱，隔断前后间，上有暗楼。耳房樟木板壁镶红木框，黄杨木冰梅纹嵌紫檀仿古玉卡子花的横楣及隔扇窗。建筑的外貌是殿宇的气派，内檐装修又是最讲究的居室。前后院和西所也都是筒子瓦卷棚式，有廊檐而无游廊相连，和正院的不同点是无脊兽。西所第三进正房内有戏台的装置。西所和中所的风格一致，好像建筑性格并不活泼而是严正的。东所的建筑材料比较单薄，没有中所那样厚重坚固的感觉，举架较低，但四周游廊连接，上房堂屋后据落地罩木炕，一槽碧纱橱，一槽栏杆罩。东院屋宇都是片瓦卷棚式，两卷前廊后厦，抄手游廊，藤萝架、山石等，是园林式的布置。室内为冬季取暖均设地炕。地炕烧火口在走廊两端，室内有地下火道，走廊台阶处有出火口，烟及煤气均从此出去。

该府民国时拍卖，中部即为朱家溍先生家购买。

启功旧居

启功先生是我国当代著名教育家、国学大师、古典文献学家、书画家、文物鉴定家、诗人，满族，爱新觉罗氏，是清世宗的第五子和亲王弘昼的第八代孙。

启功先生在南锣鼓巷的故居位于黑芝麻胡同14号。家世的衰落使启功在少年到壮年时期搬了多次家。他在北京的很多地方居住过,仅在南锣鼓巷就包括棉花胡同、黑芝麻胡同等。在从一条胡同向另一条胡同迁居的过程中,启功先生对北京的平民文化有了深切的认识和了解。

启功故居(今黑芝麻胡同小学)

启功8岁时,随曾祖父从河北易县回到了北京。回到北京后,启功曾住在鼓楼附近前马厂胡同的姨母家。1920年迁居到东城区黑芝麻胡同14号,一直住到1957年。抚养启功长大的母亲和姑姑都是在黑芝麻胡同过世的。启功先生住在这里时,经常去家在南锣鼓巷的著名文物鉴赏家张珩家串门。尤其是大冬天的晚上,人家都围着火炉不出门了,而他戴上棉帽、围巾和棉手套,"全副武装"地慢慢往张家走。

启功没有躲过1957年开始的那场风暴,最终在1958年戴上了"右派"的帽子。启功被划为"右派"后,他们夫妇每月的生活费很少,住不起宽敞的房子。启功同妻子章宝琛就从黑芝麻胡同14号搬到了西城区小乘巷内弟家,客居在内弟家的两间小南屋里,所以启功先生的许多书画作品都钤印有"小乘巷"三字印章。直到20世纪80年代初启功先生才搬到北师大教工宿舍住。

裴文中故居

裴文中是我国著名的考古学家、古生物学家,中国古人类学的重要创始人,于1929年发掘出第一个北京猿人头盖骨化石,轰动了中外学术界,成为中国古人类学发展史上的重要里程碑。

南锣鼓巷59号是裴文中的故居。这里曾是明末降清大将洪承畴宅后的家庙(即洪氏祠堂),当地称为"洪家大门"。宅子的大门原来在方砖厂胡同路北,门很壮观,门外有两个很大的铜狮子,院内的房原来很多,现在大部分都已改建。按照洪承畴的生活年代推算,此宅应建于明清之际,但现在尚存的三间北房是清代中晚期建筑,坐北朝南,青砖青瓦,可能是在原址上进行过翻建。据熟悉裴文中的人回忆,他家住房低矮、窄小、拥挤,与他生活在一起的外孙女

裴文中陪客人参观周口店

没有安放床的地方，只好睡在废弃的卫生间中的澡盆里。直到"文化大革命"结束后，裴文中搬到中关村，居住条件才得到改善。在 1979 年，北京猿人第一个头盖骨化石发现 50 周年的日子，《人民日报》的记者就是在南锣鼓巷的这个小院里采访了裴文中教授。

书画大师张珩故居——木雁斋

张珩（1915—1963），字葱玉，书画鉴定大师。原籍浙江省吴兴县南浔镇，1915 年 2 月 10 日生于上海。青年时期即以书画鉴定闻名，1934 年、1946 年两度被聘为故宫博物院鉴定委员。1950 年被聘为上海市文物保管委员会顾问，同年调文化部文物局工作。曾任文物局文物处副处长，兼文物出版社副总编辑。1963 年 8 月 26 日病逝于北京。

张珩的父亲张乃骅是近代藏书家、张氏家族掌门人张石铭的第四个儿子。他不仅继承了父亲嗜古如命的特性，工诗文书画，又精于版本目录之学。不幸的是 1918 年张乃骅在从上海乘船去杭州的途中不慎失足溺水而逝，年仅 26 岁，这时他的独子张珩才 4 岁。张乃骅去世后，祖父张石铭对张珩这个孙子就格外疼爱，整天把他带在身边跟进跟出。张石铭的晚年是在书房内研究古董中度过的，来往的朋友不是到张家来欣赏他新得手的字画和古籍版本，就是怀揣着珍籍秘宝前来共同鉴赏。张珩整天泡在古董堆里，日夕熏陶，加上祖父在旁亲自指点，其练字、读书、品画的功夫自然非同一般。

张珩在中国书画鉴定方面，造诣很深，为了探索书画用笔规律，曾经下了十几年的实践功夫，包括对名家书法的学习和研究。在鉴别上，能够以实物和文献相结合，比较研究，客观地做出合乎科学的判断，因而能够突破旧有的鉴定方法，熟悉传统，又突破传统，开创了科学的鉴定路子，成为现代令人信服的中国书画鉴定专家，一生鉴定书画以百万计。故宫博物院自古物南迁，古代书画所剩无几。后经他努力访求，使故宫又成为世界上中国书画最重要的收藏地之一。他编写了不少重要书画图录，如《宋人书翰》和《宋人画册》，遗著《怎样鉴定书画》被公认为文物工作者必读之书。1961年，文化部组织以张珩为首的书画鉴定小组，在他的参加和领导下，在一年多时间内遍历北京、河北、河南、江苏、辽宁、吉林、黑龙江、湖南、广东等地，巡回鉴定书画有近10万件之多，发现了一批湮没已久的书画珍品。

张珩1950年到国家文物局工作时，先吃住在郑振铎家里，1951年全家都搬来北京后，局里就把他们安顿在南锣鼓巷胡同的北屋。张珩的室名"韫辉斋"，他住在北京的时候给南锣鼓巷寓所命名为"木雁斋"，而这里也成了名家聚会之所，像人们熟知的书画大家张伯驹、启功、王世襄、徐邦达、黄永玉、谢稚柳、黄胄，原中国科学院考古研究所所长夏鼐、考古学家裴文中、中央戏剧学院教授周贻白、张学良的弟弟张学明、辽宁博物馆馆长杨仁恺等，都是张家的座上宾。平时晚饭后也是朋友们上门的时候，大家一聊就是几个小时，有时是围绕一两件字画，有时是交流情况，有时就是谈天说地。因为张珩见多识广，待人又随和，大家和他在一起觉得很有趣。

张珩曾立志把自己的鉴赏经验和心得进行总结，把传世的历代重要书画做一次全面的整理著录。从 1960 年开始，他数年夜夜笔耕不辍，先列目录，再逐项介绍，计划要写二三百万字。可惜这个宏大计划未能全部实现，张珩在 48 岁时就因患肺癌告别了人世。令人欣慰的是，张珩留下的文稿《木雁斋书画鉴赏笔记》，历经劫难还是被保存下来了。2000 年，文物出版社将其影印出版，13 巨册，成为张珩留给后人的宝贵学术财富。

末代皇弟溥任的居所

爱新觉罗·溥任（1918 年 9 月 21 日—2015 年 4 月 10 日），又名金友之，末代皇帝爱新觉罗·溥仪的末弟，生于北京什刹海北岸醇亲王府（今宋庆龄故居），后居北京后海南锣鼓巷胡同边的蓑衣胡同 2 号院。有妻金瑜庭（1971 年病逝）、张茂滢（1975 年续娶，已去世）。与第一任妻子共有三子二女，分别为长子金毓嶂、二子金毓峑、大女儿金毓琨、二女儿金毓珵、幼子金毓岚。现在住的宅子是他的第

溥任

二任妻子张茂滢的家，张茂滢是著名文物收藏家张叔诚的女儿。这是个由两层小院组成的四合院落，前院是杂物和猫的住所，后院正房为溥任先生居所。

溥任先生一直与醇亲王载沣共同生活，自幼学习旧学、书画。1947年，在其父的支持下，利用醇亲王府旧宅开办"北京竞业小学"，并自任校长，父亲载沣任董事长，妹妹当老师。中华人民共和国成立后，他将学校赠予政府，自己仅以一名教书匠的身份继续为学校服务，直到1988年方才退职。其大半生都奉献给了教育事业。退休后的溥任投入研究清史的工作中，发表过的作品有《晚清皇子生活与读书习武》《纳兰性德与〈通志堂集〉》《清季王府与饮食医疗偏见》《醇亲王府回忆》等文，还整理了其父亲载沣的《使德日记》等。溥任先生历任北京市西城区人大代表，区政协委员，北京市第七、八、九届政协委员。1994年北京市政府聘任他为北京市文史研究馆馆员。2015年4月10日下午，溥任先生在北京逝世，享年97岁。

古迹寻踪

南锣鼓巷地区，除完整保存了元大都的胡同肌理和古今人物的历史足迹外，还留有众多文物古迹的深深印记。从衙署公廨到祠庙寺观，从商铺字号到学堂庠序，700余年的历史积淀，使南锣鼓巷地区形成了囊括政治、宗教、商业、文教的丰富多元的传统文化集聚区。

衙署机构

北京的城市建设是根据《周礼·考工记》的设计思想进行布局。在专制王朝时代，衙署是城市里最具典型意义的职能机构，是一方或一座城市的主宰。因此，衙署通常都建在城市中央，南向为正，居中为尊，有"居中而治"之意。南锣鼓巷地区在元代一直是城市的中心区域，当年管理大都城最重要的两个衙门——大都路总管府和警巡院都紧邻这一地区。明清两代，这里更是各级衙署机构的主要选址之地。

孤老养济院

在今天南锣鼓巷地区西北区域有前鼓楼苑胡同，其实"前锣鼓苑"这个名字在清宣统时期就已存在，在乾隆年间此地称为前鼓楼院，属镶黄旗辖地。明朝则属昭回坊，称为"孤老胡同"。得名缘于这条胡同里曾经有一个"养济院"。

据《宛署杂记》记载，当时"大兴（养济院）在府前孤老胡同"，另外还有宛平县养济院在"城内河槽西坊"。在如今前鼓楼苑胡同的养济院就是原大兴县属的孤老养济院，是京城两所养济院之一。在明朝，《明律·户律》规定，凡是鳏寡孤独和患有疾病的人，同时身陷贫穷又无亲无故可以依靠，没有劳动能力，其所属的地方政府应该将其收养，并发给衣服粮食，严惩不收养者和克扣衣服粮食者。明洪武十九年（1386）规定，没有依靠的鳏寡孤独，每年给予六石米，明建文元年（1399）改为三石米，令亲戚代养，无亲可投的才进入养济院。天顺元年（1457），开办大兴、宛平二县养济院，每县一所，供给收容人员一天两顿饭。成化二年（1466），又下令把所有京城贫民收入养济院。成化十六年（1480）以前，京城历年赡养孤老 7490 余人，供给米 26900 多石，布 740 多匹，这一年明朝政府因为其主管官吏侵蚀钱粮使贫民不得实惠，而令顺天府府尹每月巡察两次，巡按御史也加强监察。明嘉靖元年（1522），下诏收养京城贫民。嘉靖六年（1527），命令在北京五城各设养济院一所，尽数收养贫民。嘉靖九年（1530），饬令各地方官认真办理养济院。嘉靖十年（1531）又令收养京城贫民（见《明会要·恤鳏寡孤独》）。嘉靖二十年（1541）开始，每年一月份在京城散赈，每天以 200 石米煮粥发放，领的人给一

养济院旧址

勺，够三四个人量（见郎潜《七修类稿·施粥施药》）。万历元年（1573），宛平县的养济院所收1080人。万历七年（1579）皇帝大婚，又收500人。万历十年（1582）皇长子降生，又收585人。大兴县养济院所收人数也和宛平县大致相当。

值得注意的是，明代养济院收养鳏寡孤独残疾者时，不但要经由皇帝批准，还要严格审核被收养者的籍贯、年龄，有无子女婿侄等亲属，同时还要了解被收养人的政治和道德状况。具体的标准叫作"五审"，即"要见本人有无子孙，有无婿侄，有无事产，平日有无徒流及有无显大罪恶"。"五审"都合格了，才能收入养济院。

清朝时，康熙皇帝倡导在北京设立和明代养济院相似的"普济堂"，并且要求各地方也仿效建立。普济堂收养老年贫民，视其经济状况决定供养人数和生活水平。

北兵马司

今天的交道口地区有一条北兵马司胡同，同样也是因为胡同北侧曾有一北城兵马司署而得名。

明永乐二年（1404），北京设置了名为"兵马指挥司"的机构，简称"兵马司"。永乐十九年（1421）正式迁都北京后，以该机构为基础，分设中、东、西、南、北五城兵马指挥司（中，无城字），简称"五城兵马司"，用以"指挥巡捕盗贼，疏理街道、沟渠及囚犯、火禁之事。凡京城内外，各划境而分领之"（《明史·职官志》）。就北兵马司来说，明张爵所著《京师五城坊巷胡同集》称之为"北城兵马司",《乾隆京城全图》作"兵马司胡同",清朱一新《京师坊巷志稿》作"北兵马司胡同",民国作"北兵马司",今称作"北兵马司胡同",东起交道口南大街,西至南锣鼓巷。

兵马司为正六品衙门,各设指挥官一人,吏目一人,兵若干人,马若干匹。清顺治元年(1644),沿袭明制设官,与明代设置相同。只是明代的兵马司隶属兵部,而清代的兵马司则隶属都察院。据说,兵马司初设时,街区凡有水火盗贼及人家细故之或须闻之官者,皆可一呼即应,救火、巡夜,清廉为政,不取分文。但是到后来日久弊生,始而捕盗,继而讳盗,终且取资于盗,同盗合污,不得人心。光绪十六年(1890),就有大臣向皇帝禀奏,"京城地面捕务不力,请饬整顿"。光绪二十七年(1901),撤销五城兵马司,成立"工巡局"。光绪三十一年(1905)九月,又撤销"工巡局",成立"巡警部"。北京设置"警察总厅"和"内外城警察厅"。自此之后,北京便有了警察的设置,彻底代替了五城兵马司的功能。而兵马司所留下的,也只是如北兵马司胡同一般的地名而已。

安乐堂

在今天的地安门十字路口的东南角,有一条叫作"安乐堂"的小胡同,因为明清两代的"安乐堂"都在这条胡同里。

安乐堂建于明永乐十五年(1417),那时此安乐堂胡同位于皇城的北门——北安门(即清朝的地安门)内街东,紧靠着皇城墙，虽然处于皇城禁区，但是相对来说还是比较偏僻和冷落的。据《万历野获编》等史料记载，安乐堂最开始是为"处工匠之疾病者"而设的。但是后来与"工匠"渐渐无关，而是接待那些从宫中染病，又无房可住，也没有亲朋好友可以依靠的地位低下的太监。重病者被迁入安乐堂后以待其死亡，之后送到净乐堂焚化，以免尸骨污染皇城。如侥幸存活，须向堂主谢恩，并留在堂内帮工作为回报。而被送到安乐堂又非病重致死的人，其生活也不是很好。在宫内无权无势、品级低下的太监们病故或者因其他原因死亡的，则须上报，验明无误后发给符牌，从紫禁城北侧的顺贞门旁右门抬出，经玄武门（清康熙后避讳称神武门）、北上门（今神武门与景山南门间）、北中门（今景山北门），将尸骨运到安乐堂，交验符牌后再转到北安门外墙下的停尸房，由内宫监发给棺木材料，由惜薪司发给焚化用的柴炭，换入朱红色的棺材再进行火葬，

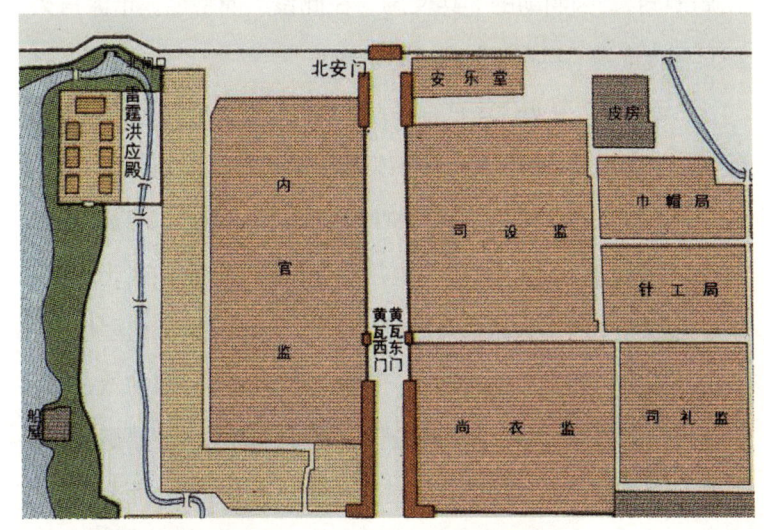

安乐堂在皇城中的位置

若其中有不愿意火葬的人则埋入地下。

安乐堂有小屋数楹,设掌房官一名、堂司数名,还有二三十名专门担负殡葬劳役的土工。

这座地安门路南16号院的安乐堂在20世纪50年代尚完好,现仅存大殿和古槐一株,其余皆被拆除,久住居民也都知道此地就是安乐堂旧址。

明兵仗局外厂

在今天地安门东大街路北"地安门东"这一公交车站的西边一带,是原"地安门中学"的所在地(现该校已被取消,校舍并入北京市东城区第五中学分校)。从清朝到现在,这里基本上一直是为各种学校所用。以前这里叫"兵将局胡同",原名为"兵仗局胡同",因明朝的"兵仗局"在此设厂而得名。年深日久,口耳相传讹为"兵将局"或"冰浆局"。

"兵仗局"是明代宦官官署,为明代八局(兵仗局、银作局、浣衣局、巾帽局、针工局、内织染局、酒醋面局、司苑局)之一,这里设掌印太监一名为总管,掌管制造兵器、盔甲、弓箭等,另有火药司(局),制作火药,也归此处管理,明末在东北对后金的宁远战斗中所用火器就有出自这里的。除此之外,这里也制作其他小器物,如御前用的铁锁、锤钳、针剪之类,宫中做法事用的钟鼓、铙钹等响器之作也隶属于此,因此也被称为"小御用监"。

但是地安门东大街的这处并不是兵仗局所在地,而是"兵仗

明兵仗局造火铳　　　　　明兵仗局造火铳

局外厂",也就是制作诸器的作坊之一。明代内府衙门均设于皇城内,地安门是皇城北门,兵仗局设在今天北长街西侧兴隆寺。《宸垣识略》记载,万寿兴隆寺在西华门外北长街路西,即明兵仗局。可见万寿兴隆寺是清朝在明兵仗局的旧址上建立起来的。《京师坊巷志稿》也说,兴隆寺所在便是明兵仗局的佛堂。

　　明朝灭亡以后,兵仗局被兴隆寺取代,兵仗局外厂也随之撤销,只将兵仗局作为地名保留下来。原厂地面宽阔,原建筑早已不存。清光绪二十七年(1901)农历七月,时任顺天府府尹的陈璧奏请设立东文西文学堂获得批准,而后的九月再请设立"首善中学堂",要求清政府将地安门外"兵将局外厂"抄产官方拨给顺天府做"首善中学堂"校舍。由于八国联军侵入北京,户部的衙门被烧毁,户部只好暂借此处的兵仗局官房作为办公用地,后又将兵仗局官房移交给顺天府。光绪二十八年(1902)秋天,"顺天中学堂"正式移址地安门外兵仗局外厂,后亦经数度变迁。现为"地安门中学"使用。其部分地面为古建公司占用,有所改建。今因平安大街展宽,公司新建的传统形式大门向北移建。

值年旗衙门

在地安门外南锣鼓巷地区的雨儿胡同，曾经存在过一个现在少有人知的"值年旗衙门"，从康乾盛世中的雍正六年（1728）始设立"值月旗公署"，到民国十七年（1928）对值年旗衙门的历史记载彻底消失，已经难以寻觅值年旗衙门的踪迹。

清代的八旗分别是正黄、镶黄、正红、镶红、正白、镶白、正蓝、镶蓝，每旗下又有满洲、蒙古、汉军旗之分，每个旗的领导叫"都统"，官位品级是从一品，每旗一人，一共24位都统，如和珅、荣禄等人都做过八旗都统。八旗都统统领掌管每旗的旗务，还有自己的都统衙门作为办公地点，手下有两名副都统，数名佐领、参领等办公人员。雍正元年（1723），雍正皇帝认为八

值年旗衙门前影壁

旗各自的事务没有整齐划一，也没有令人满意的协调机构，便下令让各八旗都统或副都统按月轮流值班："嗣后八旗着各当值一月，每月将应当值之旗下大臣等职名开列具奏。俟朕派一人总承八旗公办事件及传集立稿等事。若于齐集之时有不到者，于会议折内不必列其职名。"这标志着值月旗公署的正式设立。由此史料可见，雍正皇帝一直期望八旗事务能达到划一办理，而值月旗公署恰当地行使了这样的功能——统领八旗旗务，上下传达、组织会议、协调各旗关系、稽查等，这便是最开始的值月旗公署了。

到了雍正六年（1728），为了存放档案和办公之便，八旗的值月旗公署在雨儿胡同设立。值月旗公署的工作人员，有当月的都统，还有从各旗抽调来的一年一换的值月官、领催、马甲、当月章京、骁骑校等具体的办事人员。值月旗公署的经费则来自于各当值旗分的满洲旗的公费银，一般为每月26两银子。可到后来，负责值月旗的都统们开始偷懒，总是把这个月该办的事堆积到月底，以便移交给下个月来接班的其他旗的都统们，下个月来的都统也会如法炮制，屡屡拖延，这样渐渐堆积了很多该完成却未完成的公事，逐渐生出弊病。雍正皇帝和乾隆皇帝都看到了这种情况，一再督促之下，情况仍然没有太大的好转，于是在乾隆十六年（1751），乾隆皇帝下令将值月旗公署改成值年旗衙门，谕令："近来八旗都统办事迟延，虽有值月大臣，率皆意存推诿，苟且了事，并不实力经理，殊属无益。嗣后八旗大臣等停止值月，着将都统、副都统等职名由部开列进呈，候朕简派数人，一年轮流一次并带能事之章京承办事件，年终缮折奏闻。"还明确说明"一年一次轮流值年，不必论旗……将一年内所完事几何、未完事几何，逐款缮折奏闻……将此永着为例"。自此，值年旗衙门确定，不再论旗分值，而从八旗所有都统、副都统中由皇帝指定拣派人选，仍然承办八旗汇总事务，年终要向上详细奏闻，延长当值期限以除值月旗公署"推诿成习"的陋风。同时，值年旗衙门的办事人员数量也有所增加，据初步估计，其人数至少为值月旗公署办事人员的两倍以上。值年旗衙门的功能也有所扩大，比如选派旗官、负责召集八旗各级会议、岁末汇奏以及各种琐碎的旗务等。

这样的值年旗衙门一直延续到清朝灭亡，甚至到民国年间，我们还可以在档案中发现任命值年大臣的历史资料，如最后一次是在民国十六年（1927）十二月三十一日，北洋政府任命镶黄旗满洲都统那彦图、正黄旗汉军都统张广建、正白旗蒙古都统恩泽、正红旗满洲都统衡永、镶白旗满洲都统乌拉喜春、镶红旗汉军都统费毓楷、正蓝旗汉军都统载搏、镶蓝旗蒙古都统端绪管理值年旗衙门事务，说明值年旗衙门在民国十七年（1928）之前仍然存在，只是民国后的值年旗衙门已经十分衰败。费莫瑞丰为民国四年（1915）大总统任命的镶白旗满洲都统兼副都统，当时清朝虽亡，但八旗制度未亡，只是凋敝的趋势无法控制，瑞丰竟可兼任镶白旗满洲都统与副都统。而综观瑞丰所辑录的《镶白旗满洲公牍》可知，值年旗衙门为八旗兵丁向大总统恳求减免税银、减轻兵丁生活负担的要求十分常见，辛酸状况下的诉求也显露了此时的值年旗衙门正在扮演着为八旗制度下的旗人谋生路的角色，但是这种诉求已经无法挽救渐渐逼近贫穷的旗人们的生活。在金启琮先生所著《北京城区的满族》中，他描述了民国年间因饥饿困苦前去请愿的旗人队伍先到值年旗衙门前聚集求援的场景。

今天的南锣鼓巷雨儿胡同已很难找到值年旗衙门的遗迹了，即使是在《乾隆京城全图》上也难以在雨儿胡同的各个院落中辨认出没有明确标识的值月旗公署的确切位置，但是可以确知的是，值年旗衙门确实就在雨儿胡同。根据《日下旧闻考》等史籍的记载，值年旗衙门位于雨儿胡同的北侧，坐北朝南，四进院落，共有房屋四十楹。有关值年旗衙门地址的记载最后出现在史料中是缘于民国六年（1917）的一次官方调查，证明其衙门地址仍在"地安门外雨儿胡同路北"。2005年出版的《东华图志——北京东城史迹录》把表示已经没有遗址留存的蓝色标记点设置在雨儿胡同路北的中部作为值年旗衙门曾经存在的证据。经考证推断，今雨儿胡同25~33号是当年值年旗衙门的范围，其中25~27号是值年旗衙门附属的镖局，胡同南侧30号院是值年旗衙门马圈，31号院是衙门的办公地。现27号院内仍保留有较完好的硬山顶合瓦清水脊的房屋，31号院门对面尚存有一座八字形青砖照壁。但目前还不能确定这一带就是值年旗衙门的所在，尚需新史料的进一步印证。

清步军统领衙门

帽儿胡同45号院是原"中央实验话剧院"的所在地，周围是居民区，站在话剧院门口，可以依稀看到南端有一片参天古树，这里就是清乾隆二十一年（1756）以后的"步军统领衙门"所在地。在民国时，为保安队部继续使用。

该处在明代是"专治诏狱"的"北镇抚司"的所在地，老百姓俗称"北衙门"。到了清朝，先作为礼部接待藩属贡使的"会同馆"使用，乾隆十九年（1754）步军统领衙门开始借用此地办公，乾隆二十一年（1756），管理步军统领衙门事务的傅恒请示把偏在西南方向的步军统领衙门和会同馆互易，于是，"步军统领衙门"在帽儿胡同扎下根。

步军统领的全称是"提督九门步军巡捕五营统领"，简称"步军营"，有时也俗称"九门提督"或"金吾"。它统领京师八旗的步兵和京城绿营的马步兵（巡捕营），相当于京师地区的卫戍、警备部队和治安保卫机关。清顺治初年已经设有步军统领一人，左右翼总尉各一人，以及步军校等官，专管京城满、蒙、汉军八旗步兵，定为正二品衙门。到嘉庆年间，就升从一品衙门，增设了左、右翼总兵各一人，与步军统领同堂坐办公务。步军统领统率的八旗步军和巡捕五营马步兵都是按地区分工，分汛防守稽查。八旗步军防守内城，按八旗方位分汛驻守，并抽调部分官兵专任缉捕事宜；巡捕五营马步兵防守外城及京郊地方，分23汛驻守。他们主要职掌守卫、断狱、门禁、查编保甲、缉捕、巡夜、禁令、救火、发信号炮等。康熙年间，步兵统领所辖兵员中，八旗步军营共有领催1152人，步军21000人。乾隆年间，巡捕五营的马步兵共有1万余人，约以"马三步七"的比例配置，两种兵额约计3万余人。后来几经更改裁撤，至光宣年间，共有步军1万人，马步兵约5000人。

在光绪二十三年（1897）以前，步军统领衙门内部原设理刑科、司案科、兵缺科、司务厅、厅科房、激筒处、查案处、两翼捕务公所、银库、满折房、汉折房、俸饷房、清档房、底档房、挂号房、门军房、皂班房、技勇厂等机构。光绪二十三年（1897）经大学士、步军统领那桐提议，改设总司、司务厅、左司、右司各机构。

辛亥革命以后，步军统领衙门还和警察厅各有分工地担负着北京城内外管理地面治安的责任。民国十三年（1924），摄政内阁宣布修改优待清皇室条件时被裁撤。民国时作为保安队部。新中国成立后，衙署旧址曾先后为武警部队和中央实验话剧院占用。清朝历史上第一位九门提督叫麻勒吉，他中了状元之后，世人称其"麻状元"或"马状元"，并授弘文院修撰。到了康熙年间官至抚蛮灭寇将军，兼广西巡抚。在赖塔等攻云南时，他负责运送粮饷，因措置得宜，任粤一载，政绩显著。后还京，遂授九门提督步军统领之职。此外，他还是顺治皇帝遗诏的起草人之一。1912年，最后一任九门提督为江朝宗，因排行第四，世称"四先生"。北洋时期曾任国务院代总理，抗日战争日伪统治期间任伪北平市市长，是为日本侵略者服务的汉奸。

今天，除了几棵参天古树外，这里已经难觅衙署旧迹，只能从朱家溍先生的描述中想象步军统领衙门当年的样貌："大门三楹、筒瓦、脊兽、硬山式。左右坎墙隔扇窗，中间朱漆大门两扇。门前有上马石，门内正中有影壁、大堂、左右厢房，人们从衙门外面就只能看到这些。后面还有几进正房、厢房。衙门左侧为演武厅，大门三楹举架高大，门左右有八字墙，门前有石狮一对。从门外可以看到门内是个大操场，坐北朝南一座高台，台上五楹两卷的敞厅，两旁有群房。在这两座大门的对面，一二百步的距离，有两座照壁。以上就是当年这座衙门的面貌。"时至今日，原有的廨舍已拆除殆尽，建为宿舍楼房，或许这里的老居民们还有难以磨灭的居住记忆。

清太医院

地安门东大街西口北侧的 105 号、111 号、113 号、117 号这四个基本连成一片的院落是清末太医院的所在地，现四个院子总占地面积共 7000 余平方米，其中古建筑面积为 4000 余平方米。最靠东侧的 105 号院为三进院，主要是药房和日常管理办公用房。111 号是当年太医院的衙署，今"明珠聚龙宫"餐馆则是太医院大门所在地，太医院办公大堂 1968 年被火焚毁，后面的民居是昔日的药房。113 号院是太医院的"先医庙"，供奉医祖三皇"伏羲、神农、燧人"的景惠殿保存尚完整，虽然歇山起脊的殿顶没有使用黄琉璃瓦，但横梁上的"金龙和玺"彩绘和前廊里的贴金"正龙天花"都标志着这是一处皇家规格的殿堂。117 号院仍保留着颇为气派的"金柱大门"，院内也建满民居。这四个院子总占地面积共 7000 余平方米，其中古建筑面积为 4000 余平方米，现有居民 120 余户。

这处地安门东大街的太医院旧址是在光绪三十年（1904）迁建的，原先的明清太医院在当时的大明门（即清朝的大清门）东侧，大概是今天国家博物馆西南角的区域。明朝时的太医院三座大门，面向西，即今日天安门广场的方向。直到光绪二十六年（1900）八国联军入京后，根据《辛丑条约》的内容，东交民巷被划为了使馆区，所居范围内不许存在中国居民和衙署，于是太医院也只好另觅衙址。太医院先是借用了御医白文寿在东华门的住处，后又移到北池子大悲院。如此反复一年之后才发现地安门外皇城根兵仗局外厂东有内务府抄产一区，右有吉祥寺空地一段，经与住持僧智法协商，允许在此地另建新署。清光绪二十八年（1902）开工，三年后建成，较之旧署面积只有十分之一。"太医院院使中汉使一人，左右院判汉人各一人，掌医之政令，率其属

太医院旧址

以供医事。御医十有五人,吏目三十人(八品十五人、九品十五人),医士四十人,医员三人。又有效力医生无定员,掌炮制之法,院使考其术而进退之。"这是对太医院一般组成情况的记载,实际上各阶段都有变动。其医官品级一般为院使正五品、左右院判正六品、御医正八品。宣统元年(1909)以后变动较大,医官品级普遍提高一级。太医院一般隶属礼部。

太医院按医术分类设科,清朝初年为十一科,康熙年间合并为九科,分别是:大方脉、小方脉、伤寒科、妇人科、疮科、针灸科、眼科、口齿科、正骨科。同治、光绪年间,又合并为大方脉、小方脉、外科、眼科、口齿科五科。各科都有专科医生。太医院御医,日常在紫禁城内东墙下的待诊处轮流值班,随时听候太监的召唤,为皇帝、妃嫔看病、配药。同时,也担负一些其他与宫廷有关的医疗事务,这是其主要职责。此外,太医院还承担王公、公主、驸马以及文武大臣等的医疗服务,这些人遇有疾病,太医院奉旨派医官前往,并将治疗经过向皇帝奏报。在外地的公主、驸马及台吉大臣患病,也得奉旨携带药品前往诊视。军营、文武会试,就连刑部大牢囚犯得病,太医院也要派人前往应差。太医院一般从各省民间医生以及举人、贡生等有职衔的人中挑选精通医理、情愿为宫中效力的人,量才录用为御医。如在康熙年间,同仁堂的创始人乐显扬就曾担任太医院吏目一职。此外,太医院还设有教习厅,培养医务人才,由御医、吏目充当教习。学习的内容有《本草纲目》《伤寒内经》《脉诀》等专业知识,经过六年寒暑通过考试合格,才能录用为医士或医员。

清太医院

光绪三十四年（1908）11月14日和15日，光绪皇帝与慈禧太后相继死于皇宫西侧西苑里的涵元殿和仪鸾殿。此前为他们治病的太医们，就是从今天的地安门东大街的太医院出诊的。

辛亥革命后，太医院址改为两吉女子中学。新中国成立后，又成为北京三十二中校办工厂，现在临街部分建有明珠聚龙宫餐馆。

宗教建筑

宗教作为人们对精神生活的一种信仰寄托，从它诞生开始人们便根据自己对神明的理解去寻求一处定期从事信仰活动的场所。在经过了漫长的发展过程之后,这个活动场所最终演变为成熟的宗教建筑。我国是一个拥有悠久历史的多民族国家,宗教文化在中华民族文化中占据着相当的比重,儒、释、道三家在2000多年历史长河中融合发展,交相辉映,形成了独具特色的中国宗教文化,催生了无数辉煌壮丽的宗教建筑。作为一片始建于元代,发展于明清两朝的胡同建筑群,700多年来南锣鼓巷地区历尽了时代的沧桑变迁,其饱含的文化价值是不可估量的。在这片"蜈蚣街"上散布了大大小小的官署、庙宇、四合院、名人故居等,其中又以反映宗教文化的建筑最为壮观。南锣鼓巷作为都城的一片市坊,街头巷尾的宗教建筑宛若众星点缀,它们或为佛寺,或为道观,其中供奉的神像形形色色。虽然比起北京的那些名禅显刹来,这里大多数的寺庙并不算宽敞,但它们却是一座座年节时令普通百姓能够登临祈福的民间圣地。据现有史料分析,南锣鼓巷地区历史上出现过佛教、道教两类宗教建筑共计34处,这一数字仅为下限,不排除历史上若干无从查考的寺庙。这一数字足以说明这里宗教文化的繁盛程度,因而也从一个侧面反映出南锣鼓巷居民精神文化生活的多样性。

可以这样说,南锣鼓巷地区的宗教建筑是反映北京地区市井寺庙的一个缩影,也是最为集中的代表之一。它们的空间分布大体上是趋于平衡的,以清乾隆十五年(1750)测绘的《乾隆京城全图》为据,18世纪中期绘制在南锣鼓巷地区上的22座宗教建筑中,南锣鼓巷胡同以西为12座,以东为8座,另外两座就是紧邻南锣鼓巷北口的财神庙和真武庙。1936年寺庙普查时南锣鼓巷胡同以西 10 座，以东 11 座。寺庙的总体分布比较均匀。

南锣鼓巷地区可以考证的宗教建筑绝大多数为明清两代建造，其中明代略多于清代，还有极少数属于元代建筑。据目前资料可知圆恩寺、吉祥寺两处确是始建于元代，分别为至元元年（1264）和泰定年间（1324—1328）。历史上元代在此处建造的宗教建筑大多已无从查考，民国以后没有记载显示这里新修建过任何宗教建筑。

南锣鼓巷地区的宗教建筑大体上划分为两大类。第一类为佛教寺庙，细分为汉地寺庙和藏传佛教寺庙；第二类为道教庙观。

佛教建筑共 22 处，计有：通明寺、延寿院、圆恩寺、圆通寺、玉河庵、慈善寺、国通寺、大悲庵、二圣庵、金漆庵、弘通庵、观音庵、地藏庵、广慈庵、北极庵、袈衣寺、吉祥寺、云祥寺、鸡足宝刹、宏德禅林、密阁禅林、福祥寺（雍正二年后为藏寺）。

道教建筑共 12 处，计有：梓潼文昌庙、黄瓦财神庙、显佑宫、土地庙、火神庙、斗姥宫、药王庙、关帝庙、龙王庙、佑圣寺、宏德庵娘娘庙、三教庵关帝庙。

从 1936 年与 1958 年两次文物调查结果来看，南锣鼓巷地区绝大多数宗教建筑是在新中国成立以后拆毁的，尤其以 1966 年"破四旧"运动最为严重，大多数庙宇被人为破坏，改为民房、学校或被企事业单位占用。目前保存现状如下：

玉河庵，现存正殿、后殿。

宏德禅林，现存石制门额，移至东城区文化文物局院内。

福祥寺，现存山门并耳房、天王殿，东配殿，并东院房。

梓潼文昌庙，现存魁光殿、敷文殿、东西配殿、后殿、西耳殿和石碑两通。

黄瓦财神庙，现存硬山黄瓦大殿三间。

土地庙，建筑已大部经过翻建，现存山门、正殿、西配殿。

药王庙，大殿尚存。

龙王庙，现存后罩楼、两座小殿。

圆恩寺

位于前圆恩寺胡同5号院，始建于元至元年间（1264—1294），清代曾于咸丰十年（1860）和光绪九年（1883）进行过两次重建。

圆恩寺山门南向，南北穿前后圆恩寺胡同，原寺内有石碑两通。据民国时期调查，该寺占地约2700平方米，院内有房屋97

圆恩寺旧址

间，植有树木 10 余株，寺中各式佛像 35 尊，礼器、法器、佛经等物俱全。

　　1923 年设立圆恩寺小学，寺院被划归学校，用作校舍。如今，原圆恩寺的建筑除东厢房外基本无存，只在附近散存一些石雕构件，为圆恩寺旧物。

吉祥寺

清重修圆恩寺碑

　　旧称"千佛寺"，寺址在地安门东大街 113 号、115 号，始建于元泰定年间（1324—1328）。明宣德八年（1433）重修，正统三年（1438）赐名"吉祥寺"。万历九年（1581）以后，由于在德胜门内八步口北新建了千佛寺，故称此处为"小千佛寺"，以示区别。清代吉祥寺为太医院衙署中的先医庙。

吉祥寺旧址

20世纪50年代北京市政府曾对吉祥寺做过文物调查，时吉祥寺内有三座东西向院落。中轴线上为歇山顶山门三间、前殿三间、正殿五间、后殿并东西配殿各三间。主要建筑除山门外均为硬山顶。吉祥寺内原有石碑三通。其一为明万历九年（1581）马经撰写的《重修吉祥寺碑记》。

20世纪80年代吉祥寺中尚存部分殿宇，石碑已无存，今为某单位占用。

圆通寺

位于菊儿胡同33号，始建于元代，清代时曾为热河溥仁寺下院，清同治十年（1871）重修。

圆通寺整体呈"伽蓝七堂"布局，主要建筑有山门、天王殿、观音殿、三世佛殿并东西配殿等。观音殿面阔三间，进深7.15米，硬山筒瓦顶，天花上有藻井，殿中供奉南海观音并十八罗汉，东西为伽蓝、祖师二配殿，三世佛殿内供奉释迦牟尼佛。

1936年第一次寺庙总登记时圆通寺面积四亩五分，殿宇33间，

圆通寺旧址

除殿宇外均为出租用。庙内法物计有泥塑南海观音菩萨像一尊、十八罗汉像一尊、后殿释迦牟尼佛铜像一尊、四大天王木像各一尊、文昌帝君泥塑像一尊、马童一尊、东西禅堂内木像各一尊。

圆通寺建筑现已无存。

显佑宫

全名"灵明显佑宫",为道教庙宇。位于帽儿胡同西,始建于明永乐十三年(1415)、明成化十五年(1479)、清雍正九年(1731)、清乾隆二十八年(1763)重修,供奉真武大帝。清光绪年间成书的《畿辅通志》在其《帝制记·祠庙》中将显佑宫列位第一,足见对该庙地位的尊崇。

显佑宫明正德年间定名,旧时为南锣鼓巷地区最大的庙宇之一,缭以周垣围砌。据民国时期统计,全庙有山门三间并牌坊一座,山门之上嵌有白石一方,其纹理隐约做梅枝状,又有月象,故此石有"梅梢古月"之说。山门内有显佑门三间,过显佑门崇基之上为正殿五间,黑琉璃瓦覆顶。殿前台基南

真武大帝像

向三出阶，中路踏跺九级。东西配殿各五间，院中左右碑亭各一座，并有东西燎炉各一座。正殿额曰"拱辰赐福"，楹联为"太紫卫皇图，功资左辅；上清通昊绎，化运元枢"。匾额、楹联均为乾隆皇帝御笔。

显佑宫大殿正中供奉真武大帝。真武大帝又名"玄天上帝""佑圣真君玄天上帝"，是道教尊奉的北方玄武之神，《道德经》中称其为"镇天真武灵应佑圣帝君"。宋大中祥符五年（1012），宋真宗宣称其祖先为赵玄朗，并上尊号为"圣祖上灵高道九天司命保生天尊大帝"，诏令天下，"玄朗"二字不许用，以"元"代替"玄"，以"明"代替"朗"，后来又用"真"代替"玄"，所以他又有"真武帝君"的称号。其信仰最早出现于春秋战国时期，《楚辞·远游》中就曾有"玄武"的提法，《史记·天官书》曰："北宫玄武，虚危，危为盖屋。"随着道教在中国的普及和发展，真武大帝成为皇室、民间信奉的主神，尤其是宋朝以后，面对北方契丹、女真等少数民族不断南下侵扰，宋朝王师不振的局面，主位北方的真武大帝的地位更加被尊崇，由此奠定了我国人民对真武大帝的信仰。

位于帽儿胡同的这座显佑宫在清代每逢皇帝万寿之日，均有大臣代为致祭，乾隆二十九年（1764），乾隆帝曾亲临此寺拈香行礼，并留下了御制诗三首：

百年琳观胜朝遗，丹雘重新焕栦楣。
有举何妨遵不废，瓣香庆落迓春祺。

崇构枚枚豁且庨，迎门古月在梅梢。
清霄香雪云间泛，入藉依稀林与茅。

武当送岂效前明，壬癸龟蛇语或诚。

但使佑民即宜敬，禋宗奚必致深评。

在诗中乾隆帝将显佑宫古观新构，面貌焕新的景象描写得淋漓尽致，更在诗的末尾借显佑宫将明朝的历代统治者奚落一番。原来，从明永乐年间开始，远在湖北的真武大帝的祖山武当山即被皇帝敕封为"大岳太和山"，并不惜血本在武当山大造金殿銮宇，到嘉靖年间全山共有道众两万余人，一时间"踵磨石穿，声号山裂"。如此踵事增华、靡费无数的武当山工程无疑加重了百姓的负担，消耗了国家的元气，为后世所不齿。时隔百年后，乾隆帝站在显佑宫真武大帝面前，一炷清香拜毕，感触尤深。

如今显佑宫建筑已无迹可寻，但那块印有"梅梢古月"的白石和它的传说依然"保存"在老北京人的记忆里。

福祥寺

位于福祥胡同西口 25 号，始建于明正统元年（1436），初为宫中一武姓太监为英宗朱祁镇祝寿捐建，御赐"福祥寺"。弘治十一年（1498）、正德三年（1508）、万历二十年（1592）、万历四十一年（1613）四次重修，足见明朝政府对该寺的重视程度。清代以后福祥寺受皇帝敕命改作藏传佛教寺庙，成了中华民族团结统一的见证。

清雍正元年（1723），青海和硕特蒙古贵族罗卜藏丹津胁迫青海蒙古各部贵族发动了武装叛乱，叛军焚毁了时为七岁的三世章嘉活佛若比多吉住锡的庙宇郭隆寺。雍正帝得知以后深恐小活佛遇险，命令部将全力寻找，并在严密保护之下护送至京城。章嘉活佛到京以后雍正帝将福祥寺暂定为临时行馆，改名宏仁寺。小活佛直到住锡嵩祝寺以前一直住在这里。若比多吉在北京接受了最好的宗教教育，与长他6岁的弘历也就是后来的乾隆皇帝一同学习，并建立了维系二人一生的友谊。后来乾隆皇帝赐给他"振兴黄教大国师"的称号，主持北京的宗教事务。他本人也是当时许多重大历史事件的直接参与者，例如护送七世达赖喇嘛回藏，编译满、蒙古文《大藏经》，制订《大藏经》蒙古、藏译法，迎接六世班禅进京祝厘等，为中国多民族的团结统一做出了不可磨灭的贡献。作为活佛的早期行馆，福祥寺也因此在历史上写下了浓墨重彩的一笔。

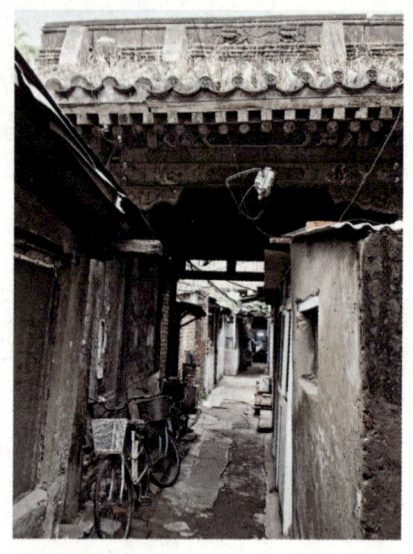

福祥寺旧址

直到民国年间，福祥寺还有喇嘛住持，1936年第一次寺庙总登记时福祥寺占地五亩七分，存房五十三间，内存法物有四大天王像四尊，释迦牟尼佛一尊，三世佛三尊，画像文昌帝君一尊，关圣像一尊，达摩像一尊，十八罗汉像十八尊，火神像一尊，铁鼎、铁磬、木香炉各一尊，古松九株。全寺的规制依然完好。新中国成立初期，寺的南部被"明德煤铺"所占，殿宇被拆改他用，法器、陈设等均无存。20世纪50年代北京市又对福祥寺进行了文物调查，查得该寺硬山卷棚顶山门一间，苏彩漆饰。前殿、中殿均为硬山三间，旋子彩绘。中殿前碑碣三通，弘治十一年（1498）黎珏撰《敕赐福祥寺改建山门碑记》；正德三年（1508）沈寿撰《重修福祥寺碑记》；万历四十一年（1613）赵志皋撰《重修福祥寺碑记》。后殿三间，庑殿顶旋子彩绘。后殿前甬路上陈设香塔，铭文为"大清光绪二十年造"。寺内存佛像、法器等陈设，并康熙二十年（1681）铸造铁磬一架。

福祥寺现存山门、耳房、天王殿、东配殿及东院房宇若干。明代石碑存于北京石刻博物馆。

梓潼文昌庙

梓潼文昌庙又名文昌帝君庙、梓潼庙。庙址位于帽儿胡同21号，东跨院在景阳胡同4号。明成化十三年（1477）始建，供奉文昌帝君。

传说文昌帝君原为北天的星宿，元延祐三年（1316）与名为张亚子的梓潼帝君合祀为一神。据《明史·礼制》记载，张亚子为晋时蜀人张育，东晋宁康二年（374）自称蜀王，在抗击前秦苻坚的战斗中战死。后人为纪念张育，即于梓潼郡七曲山建祠，尊奉其为"雷泽龙王"。后张育祠与同山之梓潼神亚子祠合祀，张育即转称"张亚子"。唐玄宗入蜀时，途经七曲山，有感于张亚子英烈，遂追封其为"左丞相"，并重加祭祀。唐僖宗避乱入蜀时，经七曲山又亲祀梓潼神，封张亚子为"济顺王"，并亲解佩剑献神。宋朝帝王多有敕封，如宋真宗封亚子为"英显武烈王"，宋光宗时封为"忠文仁武孝德圣烈王"，宋理宗时封为"神文圣武孝德忠仁王"。元仁宗延祐三年（1316）敕封张亚子为"辅元开化文昌司禄宏仁帝君"。自此，梓潼神张亚子被称为"文昌帝君"。历代皇帝对文昌帝君恩礼有加，屡有加封。

位于帽儿胡同的这座文昌帝君庙曾经是北京的"五坛八庙"

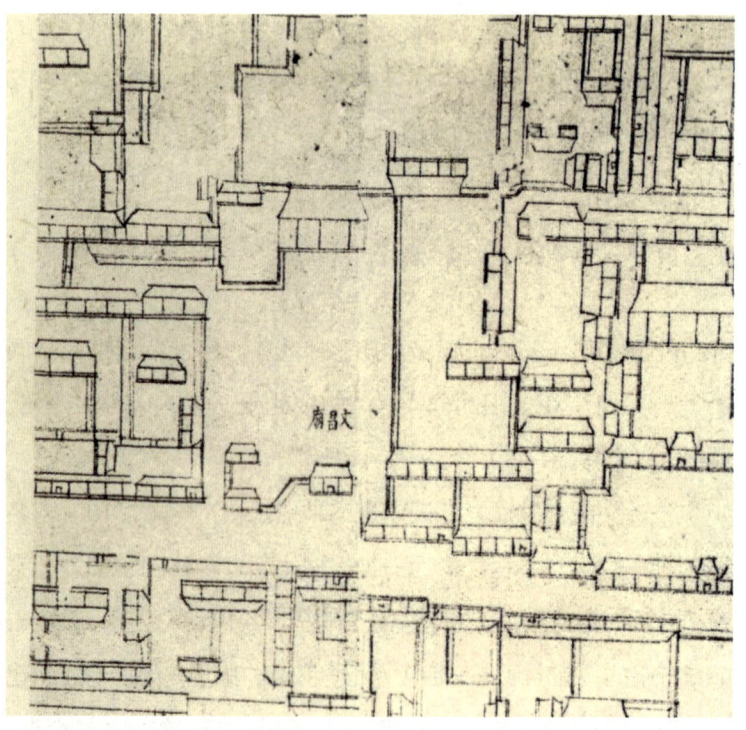

《乾隆京城全图》中的梓潼文昌庙

之一。尤其是到了清嘉庆年间，这里的香火达到极盛。嘉庆六年（1801），嘉庆帝亲临重修后的梓潼文昌庙，行九叩大礼，对其可谓尊崇至极。皇帝在上谕中说："敬思文昌帝君主持文运，福国佑民，崇正教，辟邪说，灵迹最著。海内崇奉与关圣大帝相同。"皇帝以如此高的规格祭拜文昌帝君是事出有因的。嘉庆元年（1796），四川、陕西、湖北等地爆发了白莲教起义，教众多为贫苦农民，他们以秘密宗教为组织，迅速扩大起义军的规模，声势最大时战火曾蔓延到川、陕、豫、鄂、甘五省。直到嘉庆九年（1804），清政府才将起义军最终平定，耗银达两亿两之巨，极大地损耗了国力，清王朝国运从此急转直下。嘉庆六年（1801），正值清政府与起义军战事正酣的紧要关头，皇帝对梓潼文昌庙的重修并亲临叩拜之举则是要借文昌帝君来"崇正教，辟邪说"，以安定民心，稳定清王朝的统治。梓潼文昌庙也间接地因为农民起义而香火繁盛。

该庙主要建筑依中轴线南北分布，计山门三间，硬山旋子彩绘。"魁光殿"三间，形制与山门略同。内供魁星立像、文昌帝君像、千手观音像。殿内悬"赞天佑民"匾，左右楹联为"普世长民莫如德，验天津地之谓高"，倒座匾曰"阴骘下民"。匾额、楹联均为咸丰皇帝御笔。"魁光殿"前立嘉庆御碑一通、钟鼓楼各一座。殿后亦有嘉庆御碑，上覆碑亭，为嘉庆六年（1801）《御制文昌帝君庙碑记》。此碑系嘉庆皇帝亲自撰文，大学士刘墉书写。碑文记载了明成化以来直至嘉庆年间修建及重修梓潼文昌庙的经过。刘墉书法遒劲、洒脱，位列"清四家"之一，碑文洋洋千余字，足谓书法之珍品。正殿名"敷文殿"，面阔三间，硬山顶后出抱厦，旋子彩绘。殿额亦为咸丰御笔。殿内正中供文昌帝君坐像，通高3.2米，左右立侍从像。后殿面阔五间，硬山顶。嘉庆六年（1801）起此殿供奉文昌帝君神位。后殿转角回廊房23间，此庙中轴线两端各有跨院，东跨院为四进，有观音殿、关公殿、具服殿等。其后殿东墙内嵌明成化十三年（1477）重修碑记。清朝皇帝每年春、秋两仲月遣官到此致祭。

1936年第一次寺庙总登记时，该庙占地三亩二分，房屋一百零九间，住有僧人。存法物记有：佛像两尊、神像六尊、铜钟一口、铜五供一套、铛铪鼓各一份、《地藏经》两部、《金刚经》一部、石碑三通、松树五株、水井一眼。文昌帝君庙后改为民生小学校址，现部分为帽儿胡同小学。

据文物部门调查，文昌帝君庙原有山门已拆除盖为楼房，现为帽儿胡同小学。现存庙宇建筑尚有魁光殿，面阔三间，进深七檩，前后廊，旋子彩画。殿内金魁像一尊，高2.4米，一手持笔一手端砚，足下镏金麒麟；文昌帝君像一尊，带木制雕龙神龛。殿前嘉庆皇帝敕谕碑，已埋入地下。殿后《御制护国文昌帝君庙旧碑》，螭首方座，通高3.98米。敷文殿，面阔三间，前出廊，进深七檩，后正间带悬山抱厦，面宽5.67米，硬山调大脊筒瓦顶，旋子彩画，内檐砌上明造。殿内供奉文昌帝君坐像一尊。东西配殿各三间，前出廊，为筒瓦过垄脊大式硬山房。顺东西配殿向北，环中殿有转角连房，东、西、北各七间，筒瓦清水脊。东连房南三间和北房东两间已改建，北房中间为过厅门，通后院。后殿五间，前出廊，进深七檩,调大脊筒瓦硬山顶,现已改建;西耳殿小三间,前出廊,为筒瓦过垄脊硬山顶;东耳殿已拆除改为后院门。由后院向东即进入东跨院,北殿三间,前出廊;南殿三间,前后廊,东西耳房各一间;东配殿三间,前出廊,南耳房一间,均为筒瓦过垄脊硬山顶;西配殿已改建。1986年被列为区级文物保护单位。

广慈寺

又称广慈庵、广慈禅林。位于前圆恩寺胡同7号,为明万历四十五年(1617)太监刘文辟等出资修建,清道光二十八年(1848)重修。寺中原竖有《明广慈寺十方院碑记》一通,碑额题"十方碑记"。碑文中曾有"建立十方院,圆恩是比邻"之句。道光二十八年(1848)重镌碑文,额题"芳名永驻"。

1936年第一次寺庙总登记时,广慈寺南北长二十一丈,东西宽十三丈,寺北宽十九丈五尺。殿宇九十一间。庙内尚存法物记有:木雕佛像三十一尊、泥塑像两尊、小泥佛七百余尊、画像四尊、钟板一份、供桌九张、铜香炉一座、小铁香炉三座、瓷香炉十座、大鼓两面、

广慈寺旧址

石制日月球各一架、锡五供大小二十三个、铜磬两架、木梆一架、大铜钟一口、木鱼一个、大锡五供一个、木五供十件、藏经全部。寺内有石碑一通。

广慈寺建筑现已无存。

黄瓦财神庙

旧称"增福财神庙",庙址在北锣鼓巷南口路东,始建于明代。因其殿顶覆黄色琉璃瓦,故名"黄瓦财神庙"。

财神是中国民间普遍供奉的"善神"之一。据传其姓赵名公明,成书于元明之际的《道藏·搜神记》和《三教搜神大全》这两部书中始称之为"财神",元明以后对其祭祀逐渐繁盛。同时,

黄瓦财神庙

黄瓦财神庙

民间又有文、武财神之分，甚至关公也被尊崇为财神。旧时北京逢年过节，家家都要张挂财神，人们在街头巷尾经常可以看到的除了土地庙以外就是财神庙了。每年正月初五为财神生日，要举行"接财神"之礼，很是热闹。黄瓦财神庙因为其殿顶的颜色而成为比较有特色的财神庙之一。

此庙内供财神、药王和鲁班，又称"增福财神庙"。俗传财神有文武之分，文为比干，武为赵公明，即赵公元帅赵玄坛。赵玄坛秦时避乱隐居终南山中，精修得道，能驱雷役电，祛病禳灾。其像黑面浓须，全副戎装，身跨黑虎，手持铁鞭，以前农历三月十五为其神诞，于此日祭祀，能使买卖兴隆，发财致富，香火极盛。此庙的主要建筑有山门、正殿和配殿。正殿面阔三间7.2米，进深3.8米。1937年调查时，庙内只有道士一人，名隆修，经管香火。

该庙原有山门、大殿及配殿等建筑。传说此庙初为灰瓦顶，等级不高，雍正皇帝在做皇子时曾向庙内财神发愿，祈求日后能登临宝殿。雍正即位以后重修该庙，遂为黄色琉璃瓦，传说可信与否已经无从查考。该庙于2005年8月整修一新，现存硬山黄瓦大殿三间。

龙王庙

位于交道口南大街79号。坐北朝南，约建于清代早期。此庙经过道路拓展及多次翻修，原有格局已难辨识。现状只存有北部一座二层后罩楼和东南、东北部各一座小殿，均为三开间。东南小殿为合瓦屋面，其余建筑均为硬山筒瓦顶。现为居民院。

通明寺

位于方砖厂胡同11号，始建于清乾隆年间。通明寺有山门一座，前有照壁。进山门为垂花门，中路殿宇三进，正殿三间硬山顶旋子彩绘，殿内供奉木雕金漆观音像，通高3.2米。左右侍像为彩绘泥塑，通高2.6米。正殿前廊左右两壁各镶嵌石碑一块，西向碑额双龙戏珠，书"万善同归"，碑身刻写通明寺建制、供奉等项。东向碑额亦为双龙戏珠，书"万古流芳"，碑身亦刻写该庙建制、沿革等项。正殿旁东西配殿为硬山苏式彩绘，内部供奉佛像若干。通明寺正殿东西各有跨院，东边四座，西边三座，共房屋一百一十余间，香火旺盛时曾经供奉过真武大帝、释迦牟尼、阿弥陀佛、观音菩萨等神像，可以说释道两家在通明寺里互

通明寺旧址

为尊奉、各领风骚。

  1936年第一次寺庙总登记时，通明寺占地七亩八分，山门一间，佛殿十三间，群房大小一百零一间。尚存法物记有：佛像十二尊、锡供器四套、法器一堂、磬两架、钟一口、残旧经典二百五十五卷、坐灯吊灯十一对半、羽扇一对、经板三十七种、铁鼎三座。该寺原存旧碑，其中明碑两通，明成化十年（1474）魏佑撰并书《明织染所真武庙记》碑一通，额题"建织染所真武庙记"；隆庆元年（1567）王槐撰并书《明真武庙重修碑记》，额题"真武庙重修记"。清碑两通，分别为清光绪五年（1879）、光绪七年（1881）的两座《清通明寺碑》。1985年经北京市文物工作人员调查得知，通明寺原为怀柔红螺山资福寺的下院，曾经尊红螺山为祖师道场，这对研究北京地区城郊之间佛教寺庙的承继关系具有重要意义。现中路各殿及东路上的主殿尚存，碑已无存。

延寿院

位于方砖厂胡同79号，始建于清咸丰五年（1855）。

延寿院坐北朝南依次为山门一间，前殿三间，后殿三间，均为硬山顶。后殿东西有耳房伸出，东西配殿各三间。

延寿院旧址

1936年第一次寺庙总登记时，延寿院东西五丈零五分，南北十三丈四尺，房屋三十间半。法物计有：泥像七尊、木像一尊、小铁钟一口、小铁磬一架、《金刚经》一部、《焰口经》一部、《功德经》一部。

延寿院建筑现已无存。

土地庙

位于交道口南大街7号。坐西朝东，约建于清代中晚期。现状已大部经过翻建，但仍可看出原建筑的位置。主要有：山门三间，坐西朝东，现改为左右各两间，中间为门道。山门内北房三间；再西为正殿三间，坐北朝南，殿前原有螭首龟趺石碑一座，已无存。

西配殿三间。建筑均为筒瓦硬山过垄脊,现为民居。

二圣庵

位于寿比胡同西口,大悲寺以北,始建年代与建筑形制无考,《乾隆京城全图》上有标注。

《北京市清真寺调查》曾记载,二圣庵末任住持妙清在1923年将二圣庵庙宇殿座售给了天主教徒苏道明。庙内法器和陈设悉数移至鼓楼湾新建的七圣祠内,后七圣祠住持悟明又将殿宇售予了回教教长王炳昆,原二圣庵中的陈设为鼓楼清真寺所有。

二圣庵建筑现已无存。

宏德禅林

位于菊儿胡同41号,始建年代无考。

据新中国成立初期调查,禅林坐北朝南,主建筑有山门、前后殿及东西配殿。山门面阔一间,进深1.65米,硬山箍头脊筒瓦顶,前檐石额刻"宏德禅林";前殿面阔三间,

宏德禅林旧址

进深 11.2 米,硬山调大脊筒瓦顶,黄琉璃吻垂兽,殿前有石狮一对;后殿面阔五间,进深 9.5 米,硬山箍头脊筒瓦顶,前出廊;两侧各有耳房,面阔二间,进深 3.5 米,硬山合瓦顶;东西配殿各三间,硬山合瓦顶,前出廊。院内原有元代石碑一通。

1989 年平房改造,宏德禅林寺庙建筑全部拆除。石制门额已移至东城区文化文物局院内。

玉河庵

位于东不压桥南口路东 75 号,始建年代无考。

玉河庵主要建筑为硬山顶山门一间,大殿三间,东西配殿三间,均为硬山顶。后殿及东西配殿亦为硬山三间。玉河庵原存

玉河庵

大佛像两尊、小佛像若干、香炉两座、匾额两块、钟一口。原有庙碑一通，名《清重修玉河庵碑记》，额题"玉河庵碑"，清嘉庆十三年（1808）九月立，碑阴额为"万古留名"。

现玉河庵正殿、后殿尚存。2006年，"北京玉河历史文化恢复工程"启动后，玉河庵的正殿、后殿完成梁架拨正、山墙开砌及殿顶重修，东西配殿均已复建。《清重修玉河庵碑记》也已清理出土，印证了玉河庵与玉河河道的历史关系。

大悲寺

位于寿比胡同西口，始建年代与建筑形制无考。

据《北京市清真寺调查》记载，清光绪年间（1875—1908）大悲寺住持修身曾经以"作关法"在南锣鼓巷地区筹措善资，用以修庙。所谓"作关法"即坐钉板，类似少林武僧的功夫表演，修身此举曾得到过时住菊儿胡同荣禄的大笔捐款。1923年以后大悲寺出租为民宅，遂改为19户住家的大杂院，租住者大多为人力车夫。

大悲寺建筑现已无存。

除了上述16座庙宇外，南锣鼓巷地区有案可查的寺庙建筑尚有约18座，它们大多散见于零星的史料记载之中，有些甚至只见诸《乾隆京城全图》上。此番在所搜集到的资料中将这些寺庙的蛛丝马迹列为一表，缺漏之处希图今后完善和补充。

附表：南锣鼓巷地区补充庙宇一览表

寺庙名称	地　　址	备　　注
金漆庵	菊儿胡同，圆通寺东	《乾隆京城全图》上标注
弘通庵	菊儿胡同西	《乾隆京城全图》上标注
宏德庵娘娘庙	菊儿胡同	《北京市志稿·宗教志》载
土地庙	北兵马司胡同	
佑圣寺	福祥胡同东	《乾隆京城全图》上标注
观音庵	帽儿胡同，显佑宫南	《乾隆京城全图》上标注
斗姥宫	帽儿胡同，显佑宫西	
地藏庵	辛安里胡同	
北极庵	小厂胡同	《乾隆京城全图》上标注
婆衣寺	蓑衣胡同	《宸垣识略》记为福祥寺前身
药王庙	东不压桥北口路东	2007年大殿尚存
三教庵关帝庙	秦老胡同	
云祥寺	后鼓楼苑胡同	《乾隆京城全图》上标注
鸡足宝刹	22中校园内(后锣鼓院)	
关帝庙	圆恩寺胡同	《万历沈志》有载
密阁禅林	雨儿胡同	
国通寺	雨儿胡同	
慈善寺	辛安里胡同	《乾隆京城全图》上标注，寺中曾存万历十四年（1586）颁赐藏经并敕谕碑记

商铺字号

　　据《析津志》记载，元代钟鼓楼地区是繁华的商业街，有帽市、皮毛市、缎子市、沙剌（珠宝）市、珠子市、鹅鸭市、铁器市、米市、面市等，买卖兴隆。南锣鼓巷位于鼓楼的东南角，同时郭守敬主持开凿的运河也由此经过。虽然目前没有直接的史料证明，但推测位于中心区域的南锣鼓巷在元代也应该是一片繁荣景象。明清以来，特别是在民国时期，南锣鼓巷地区汇集了不少商号铺面，虽然规模不大，但是具有一定的时代特点。

　　明代，在南锣鼓巷地区经营着一些手工业作坊。明中叶以后商业经济发达起来，当时有些个体劳动者因他们出色的劳动为他们居住的胡同留下了名字。例如今天的黑芝麻胡同，在明代称为何纸马胡同。据说这里有一家纸马铺，店主人姓何，因而得名"何纸马胡同"，后来慢慢被讹传成"黑芝麻胡同"。与此相似的还有东四北大街的"汪芝麻胡同"，究其原因是明朝宗教活动盛行，城市里制作祭祀用的纸马铺很多。另外，寿比胡同，在明朝时属于靖恭坊，原叫作"熟皮胡同"，因在胡同西段有一熟皮作坊而得名，到了清代，这里改称"臭皮胡同"，后逐渐被雅称为"寿比胡同"。

　　清代，满汉分城而居，南锣鼓巷地区主要是满洲镶黄旗人的居住地，至20世纪三四十年代，这里十多条胡同中居住了不少大户世家，名流显宦层出不穷，同时也有小户市民，人口逐渐稠密。南锣鼓巷内的小商号也发展起来，特别是在民国时期，大小字号店铺的总数约有六七十家，覆盖了30多种行业。这些店面包含了人们生活必需的衣食住行，如帽子店（永顺号）、绸缎行（天丰号）、首饰楼（安化楼、明远楼、亿丰楼、宝丰金店）、菜店、油盐店、猪肉铺、羊肉铺、切面铺、米面行（增和店、公兴和）、蒸锅铺（同兴斋、兴盛号）、炸货屋子（制作焦圈、油炸鬼）、小酒铺、饽饽铺（德丰斋）、豆腐房、喜轿铺、轿车行（万通号）等。除此之外还有银钱店（三聚号、同太号）、当铺（万庆、阜丰）、煤铺（玉成、一利）、楠木作（增顺局）、砖瓦麻刀铺、席箔铺、杠房、棚铺（永泰）、棺铺（天和、永寿）、冥衣铺（广合斋、奇巧斋）、钟表行（义兴斋）、药铺（圣术堂、舜记栈）、香蜡铺（合馨楼）、草铺（吉祥永）、染坊（同兴永、永兴号）等。虽然大部分铺面的规模较小，但是满足了南锣鼓巷地区住户的日常所需，而其中也不乏有一定名气的字号，列举如下：

典当行——万庆当铺

民国时期位于南锣鼓巷的"万庆当铺"，据说店主人是旗人，在内务府当差，当时掌管皇家金库，居住在南锣鼓巷西侧的蓑衣胡同8~14号。由于家中有钱，附近居民称其"金王家"。早在清雍正年间，皇室内府典当业（俗称"内府官当"）创办，用以解决八旗兵丁"人口日繁"而造成的日用困缺、生计艰难等问题。到了清末,许多内务府官员和太监间接经商,与汉人合营开设钱庄、票号、当铺。到光绪二十六年(1900)前后,北京当铺多达200多家,其中较殷实的,是以铺掌姓氏著称的常、刘、高、董、孟五号。这五号分别握有一二十家或二三十家当铺不等。据"金王家"后人讲,万庆当铺的主任姓娄,其妻姓刘。刘氏为清末五大当铺之一"当铺刘"家的女儿,目前尚有后人可以联系。

据民国二十九年(1940)中国联合准备银行调查室编纂的《北京典当业之概况》一书记载:"万庆当铺,位于南锣鼓巷3号,成立于民国二年一月,注册资本为14000元,有职员共八人,经理为郭润田。"当时,南锣鼓巷东西两侧的达官显贵,是万庆当

万庆当铺

铺的基本客户。究其缘由，大概是许多八旗贵族世家骄奢淫逸之风日盛，而钱粮俸禄日减，不得不将祖辈遗留下来的值钱物品送进当铺，以维持日常生活。到新中国成立之前万庆当铺因衰败关闭，在店前盖小房遮住店名"万庆"二字，并将店铺出租。

2006年7月，南锣鼓巷胡同在整修过程中拆出了这个老当铺的门脸，

万庆当铺

在南锣鼓巷北半部路东的一面墙上现出了"万庆"字样的两块砖雕，其周围镶嵌着串珠形和深凹线花纹的砖雕，形如牌匾。这面墙宽约30米，高约6米，厚约0.4米，系该当铺临街高墙，墙体坚固，北端转至后圆恩寺胡同，南端经两次转折如城墙状包住内院。突出墙面的壁柱，柱头为简化的塔司干式，并延伸横向形成约30厘米的水平复合线脚，其上为高约1.5米的女儿墙，状如栏杆式样。现存的四个砖砌墩形望柱上有高耸的望柱头，其上有锥形压顶。望柱之间的女儿墙面上有磨砖拼成的饰板。墙面上还保留有"文化大革命"时期的标语。高墙中央略偏南为当铺大门，高约4米，宽1.7米，门两侧有壁柱，上端挑出戗檐砖，顶为半

坡硬山式，灰筒瓦，清水脊，做工精细。大门北侧另有一宽 1.7 米、高 2.4 米的门洞，由砖拱过梁与两侧砖砌壁柱构成门框，似为当铺内部人员及车辆进出通道。大门南侧也有一门洞，高度与北侧门相同，只是门框已不存，估计其结构应与北侧门一致。现三门洞皆被封堵。高墙后的建筑格局已不可见，院内房屋多数为新建房，现为某单位仓库。

银钱店——三聚号

北京的金融业可分为钱铺、银号、票号、金店几类。钱铺也叫钱店，早在明朝末年就有。主要业务是兑换银两，或将顾客手中的铜钱换成银两，或将银两换成铜钱。清乾隆年间以后，北京的钱铺和银号开始发行钱票和银票。钱铺中有专营银钱兑换业务的，也有烟铺兼营的，它既卖烟又换钱。还有蜡铺兼营的，叫作烟蜡铺，是最小的钱店。

位于南锣鼓巷路东的"三聚号银钱店"，主要经营商业兑换贴现业务，由山西绛州（今新绛县）人张锡庆创办于乾隆年间，资本银为一万两。光绪三十一年（1905 年 12 月 1 日）在商部注册领照，当时的经理人是张凤仪。到 20 世纪 30 年代改为张维彬负责。根据中国第二历史档案馆的《民国二年一月京师地面银号钱铺发行银两银元票钱帖家数》记载，"三聚号"在民国二年（1913）和其他十几家钱庄共同发行过纸币。此外，"三聚号"还经营烟业，执事为张竹轩。新中国成立后，新兴的银行开始取代银号、钱庄，钱铺、银号发行的钱票也停止使用,"三聚号"遂不复存在。

蜜供王家——德丰斋

糕点糖果,在京城生活饮食中确实占有重要地位,成为京城的人们生活中一年四季不可缺少的一部分,所以老北京各色的糕点铺(饽饽铺)数不胜数。佛堂里奉神祖的"蜜供"和色彩鲜艳、味道丰富的"杂拌儿"是老北京过年时孩童们的最爱。

老北京卖杂拌儿

蜜供，亦叫"蜜供尖"，码成塔式、下方上尖，是放在佛堂里祭祀专用的面食品，因它是蘸了蜜糖的一种糕点，故称"蜜供"。旧京时的民俗，如过年时没有蜜供来祭神祭佛祭祖先则是对神佛祖先的大不敬。即使穷苦人家的佛龛前，也少不了这种供品，只是蜜供尖大小、多少有所不同而已。《清稗类钞》中写道："所谓蜜供者，专以祀神，以油、面做夹，砌作浮图式，中空玲珑，高二三尺，五具一堂，元日神前必用之。果实、蔬菜等，亦迭作浮图式，以五为列，此各家所同也。"清代北京崇文门外药王庙设"蜜供局"，专供皇室。制作蜜供以"正明斋""德丰斋""聚庆斋"最为有名。

在南锣鼓巷北头路西的"德丰斋"王家，创立于清末年间，所制作的蜜供质料优良。用和了油的半发面，夹上少许红色馅儿，洒上桂花汁后擀平，切成一寸来长铅笔粗细的小面条，油炸后蘸蜜糖即成。蜜供香甜酥脆，吃时咬得动不粘牙，曾在旧京时享有"蜜供王家"的盛名。旧时有人说南锣鼓巷是风水宝地，形状像一条蜈蚣，蜈蚣吃蜜，住在这条街的人，便得升官发财。纵然传说也罢，迷信也罢，南锣鼓巷地区确实有不少达官贵人居住。

北城棚行——永泰棚铺

棚行是旧京的老行当，兴起于明代永乐年间。北京的西直门内就有一条"棚匠刘胡同"。据说在明代永乐年间，这里住着一位姓刘的棚匠，此人技艺高超，以能搭各式各样的棚子而出名。后人为了纪念他，以"棚匠刘"为胡同名。清代，满蒙八旗每年

老北京棚匠

在旧历二月与八月,均有祭祀祖先之举。他们在家中院内搭棚,设立灵位,焚香礼拜,亲友也遍受邀请。本宅主人支搭戏台,演曲艺以娱乐亲朋,相沿成风。自此,凡办红、白喜事,无一不在家搭棚办事。棚行的买卖就相传下来。

昔日北京四九城大小棚铺到处都是,多达200多家,这些棚铺大多分布在城内热闹的街巷。老北京最热闹的地方莫过于"东四、西单、鼓楼前",鼓楼位在北城,而北城又是昔日旗人聚居最多的地方。旗人以讲究排场出名,所以在鼓楼一带棚铺分布最多,素有"棚铺窝"之称。但旗人逐渐没落之后,这里的棚铺也随之倒闭。最出名的棚铺有东城灯市口的"振兴",东单北大街的"元顺",西城护国寺西口外的"森茂",锦什坊街的"德成",南城土地庙的"山海",北城南锣鼓巷帽儿胡同的"永泰"(又称"棚郑家")等。

旧京有的大宅门办丧事要给停灵的那个院子搭个木殿,这是丧棚中最豪华的形制,只有北城帽儿胡同的"永泰棚铺"能应这种活。据说,金鱼胡同那中堂、清内务府大臣继子寿的原配夫人去世时,均在家停灵49天,让"永泰棚铺"用特制的木质构件搭出一座起脊的"大殿",以显尊荣。

冥衣铺——广合斋、奇巧斋

老北京办丧事,必要定制大量的纸活冥器。人死之后,家人就要马上通知冥衣铺某处某宅某日"接三",需烧活一份、烧活要用多少钱、什么种类等。冥衣铺均会按吩咐将所需东西悉数送到,绝不误事。老北京著名的冥衣铺有骡马市"古代冥衣铺"、米市胡同"聚斗斋"、南横街"永聚斋"、粉房琉璃街"马家冥衣铺"、果子巷"马家分店"、北堂子胡同"永和斋"、菜市口"四合斋"等十余家。

在南锣鼓巷地区有两家冥衣铺较为有名,其中一家是在南锣鼓巷的"奇巧斋",民国时期袁世凯出殡时的丧葬冥器、松活、纸活都由此处承办。另一家是位于帽儿胡同的"广合斋于记冥衣铺"。据史料记载，民国二十年（1931），蒙古塔旺布理甲亲王次子达都旺喜克突罹横祸而死，其妻达齐氏怆痛之下服鸦片殉夫而亡。塔王悲痛不已，不惜破费重金，在帽儿胡同"广合斋于记冥衣铺"、护国寺前街"永合斋冥衣铺"定制的纸活冥物不计其数。据常人春在《近世名人大出殡》里记载："接三"那天，糊的翻毛骏马驾辕的大鞍车两辆，其中一辆，车沿上跨有"跟妈儿"，是给儿媳妇达齐氏乘坐的，车厢的两旁有青纱"旁帐"，缀以飞檐，车窗俱为冷布所饰，车筛、车篷都用的是貌似真绫真缎的"吐沫葛"糊成的。还有满绘彩凤捧着金圆寿字的红轿一乘、绿帏官轿各一乘，均为八人抬；翻毛金鞍宝马一对；马童一对。还有小两口生前所用的家具、衣物等全部火化。这件事旧京的很多报纸都予以报道，尽人皆知。

　　过去讲冥衣铺的伙计们都是半个气象家，得会看天时。因为送活最怕赶上刮风下雨，纸活要准时送到还要不能破损，这需要伙计们丰富的经验和技术。常人春在《旧京冥衣铺》里记述了一则"广合斋"送纸活的故事，摘录原文如下：

　　1947年旧历七月十五日，后海北沿广化寺举行盂兰盆会。是日从早即降大雨，半日不停。地安门外帽儿胡同"广合斋冥衣铺"应的这份法船，就是无法送去，柜上、庙里双方都很着急。于掌柜心中有数，他到外面看了看天，说："这雨午前有间歇，咱们吃完饭就送去，能走到鼓楼西就算万事大吉啦。实在不行，咱们上'郭记鼓铺'避雨去！"果然，接近中午雨停了，于掌柜看了看天说："这回没大雨了，保险砸不了锅！"于是将法船安全送到了庙里。刚送到不久就又下起雨来，正在做佛事的和尚、居士，以及管事的都说："于掌柜有两下子！"因此，给他凑了不少"酒钱"。

从以上几家字号的状况不难看出，南锣鼓巷地区的铺面经营主要仰赖于这里的旗人住户，有一定的地区特色。清朝灭亡，旗人失去了固定的收入，许多人无一技之长，所以典当成为旗人维持生活的重要手段。南锣鼓巷的满洲镶黄旗住户和显贵之家，也面临这样的问题，依靠祖上积累的殷实家资尚能过着舒适的生活。所以这里的当铺、银钱店、饽饽铺生意兴隆。另一方面，旗人办事好面子，爱讲究排场，虽然俸米没了，但办事绝不含糊，因而像喜轿铺、棚行、杠房、冥衣铺等为红白喜事而服务的店铺也在此处扎堆儿。

文教机构

作为北京古城历史文化展现的一角,南锣鼓巷一带教育机构的设立与沿革,应置于整个京师文化教育发展的大背景之下进行探查,方能更显系统与明晰。我们以晚清时期洋务运动为界,把北京的教育发展情况分为前、后两个阶段,之前可称北京古代教育发展状况,之后可谓近代教育发展的起步与历程。洋务运动发起以前,北京地区教育机构的设置主要分为官办教育机构和私人办的学校两种类别;而自洋务运动以后,各种近代意义上的新式学堂纷纷建立。随着教育制度的革新与进一步发展,现代学制的大学、中小学校也先后设立形成,并出现各种职业技术学校。

官学——镶黄旗官学

北京古代的学校教育最早出现在何时,现已不可确知,但据史料记载,至少在西周时期的燕国就已经开办了学校,起初是官办,后来出现私人办学。到了辽代,北京升为陪都,并正式开设了中央官学——南京国子监。从此,北京从辽以前作为地方教育中心而转变为以后的全国教育中心,可以说,辽代是北京地区教育史上的一个转折点和分水岭,也对后世产生了深远的影响。至

镶黄旗官学（原前圆恩寺小学，今黑芝麻胡同小学）

元代，北京地区成为统一的多民族国家的国都和名副其实的全国教育中心。明清之际是北京古代学校教育发展的极盛时期，北京作为全国教育中心的地位更加突出，中央官学、各级地方官学以及各种专门学校，其规模之宏大，制度之完备，影响之广泛，皆前代所不能比拟。有关元、明两代南锣鼓巷地区学校教育机构的设置，各种史料中少见记载，而真正见于记载的则始于清代。

据于敏中《日下旧闻考》卷六十六载："八旗官学在八旗分地，雍正五年，以就学者众，即各旗官房容百人诵读者建为官学，隶国子监。八旗官学，镶黄旗在安定门大街圆恩寺胡同。"又见朱一新《京师坊巷志稿》卷上："南锣鼓巷，井一。……前、后圆恩寺胡同，镶黄旗官学在焉。"吴长元《宸垣识略》卷六"内城二"上也写道："圆恩寺在昭回坊圆恩寺胡同，元至元间建。寺西有广慈庵，碑碣有'建立十方院，圆恩是比邻'之句。镶黄旗官学在安定门大街圆恩寺胡同。"由此可知,在清代所设的官学中,八旗官学中的一支——镶黄旗官学曾设在今南锣鼓巷地区圆恩寺胡同。

八旗官学为清代的学校名称。清朝定都北京以后，其建制沿袭明代，并且在北京实行旗、民分城居住的制度。清朝的八旗，有正黄、正白、正红、正蓝和镶黄、镶白、镶红、镶蓝八种不同的颜色。分为满洲、蒙古、汉军八旗。八旗官兵及其家属进驻北京后，清廷下令圈占内城的房舍给旗人居住。原在内城居住的汉民、回民等一律搬到外城居住。内城以皇城为中心，由八旗分立四隅八方。清王朝的统治者意识到王公贵族和八旗兵丁仅凭借武力夺取天下不是长久之计，应培养其良好的文化素质和修养才能稳固江山。因此，在教育方面，除了在全国设立最高学府国子监外，还有为宗室子弟所设的宗学，为觉罗子弟所设的"觉罗学"

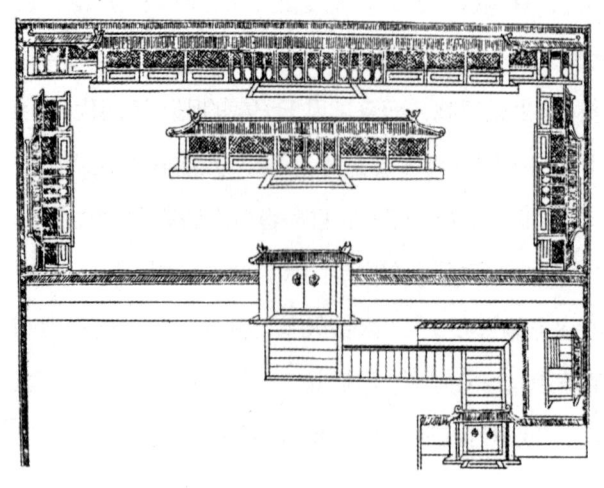

镶黄旗官学示意图

和为八旗子弟所设的八旗官学，以及为汉族等子弟所设的顺天府学、宛平县学、大兴县学等，以便培养满族的后备官员。顺治元年（1644）十月，清廷批准了国子监李若琳的奏疏，允准满汉官员子弟入国子监读书。不久，清廷又在京师八旗驻防地，各觅空房一所，立为书院，派国学二厅六堂教官分教八旗子弟，由此，八旗官学建立。

八旗官学初共四所，每两旗为一所，后变为每旗一所，各旗学舍分布于京城各处。其中镶黄旗官学为清代所设八旗官学中的一支，设在安定门内圆恩寺胡同，房舍 37 间，为北向三进院落。其他学舍所在地为：正黄旗官学在西直门内祖家街，房舍 37 间；正白旗官学在朝阳门内南小街新鲜胡同，房舍 28 间；正红旗官学在阜成门内巡捕厅胡同，房舍 47 间；镶白旗官学在东单牌楼之东象鼻子坑，房舍 35 间；镶红旗官学在宣武门内头发胡同，房舍 48 间；正蓝旗官学在东单牌楼之北新开路，房舍 35 间；镶蓝旗官学在西单牌楼之北甘石桥马尾胡同，房舍 40 间。至此八旗官学的教育设施与制度基本完备，成为清朝培养满族后备官员的重要基地。

到了清末，光绪二十六年（1900）八国联军入侵占领北京，八旗官学停学，各学舍均遭不同程度的破坏，至此八旗官学改革了学制。光绪二十八年（1902），经当时管理宗室觉罗学八旗学堂事务大臣张百熙和宗室觉罗学八旗学堂总办（即校长）奏准，将宗室、觉罗、八旗等官学改并为中、小学堂，均由管学大臣管理。光绪三十四年（1908），正式裁撤八旗官学等，改设八旗高等学堂和左右翼高等小学堂、初级小学堂。其中镶黄旗官学即更名为"八旗第一高等小学堂"。1938年校名为"市立前圆恩寺小学"，后来又合并，成为今天的"黑芝麻胡同小学"。

如今，镶黄旗官学曾经的校址，其主体建筑保存较完整。大门向北，位于中轴线上，临胡同为五檩大式硬山式加前廊一步，面阔五间，明间辟为大门。其东西各有三间倒座房，为小式硬山合瓦式。一进院为九檩大式硬山合瓦式建筑，前后带廊，面阔五间，中间为过厅。二进院有东西配房各三间，为五檩大式硬山加前廊一步合瓦式建筑，东西配房的南侧还各有一间耳房。正房七间，七檩大式硬山合瓦式建筑，前后带廊，中间为过厅。三进院西侧已改建，现存正房六间，为五檩硬山合瓦式建筑。2009年该建筑被列为东城区文物保护单位。

私学——诚正义学

清代，北京地区除了官办教育机构以外，各类私学也蓬勃发展，一派繁荣。除书院外，主要有义学和塾学。所谓"义学"，早在宋代就已经有此名称，但那时它只是以宗族为单位设立，仅是教授本族子弟的学校。到了明代，私学中就有义学和各类塾学（村塾、家塾等）、乡校等初级学校，及程度较高的经馆。"塾学"，是对儿童进行启蒙教育的民间组织，而义学，乃塾学的一种，又称义塾，是以私人捐款或宗族公款设立的，以贫寒子弟为对象的免费学校。清代最早的义学就是在北京设立的。

诚正义学所在的秦老胡同

总的来说，清代京城内外设有多所此种学校，至清末，仅北京城内就有私塾五六百处，各类入学的学生并无严格的年龄限制，自五六岁至二十岁左右者均有，人数多寡也不定。当时私学采用个别教授法，学童入学后一般先识字，以《三字经》《百家姓》《千字文》为教材，识到一定数目后，开始读"四书"，习书法，学属对作诗。读书方法为熟读和背诵，"四书"读完再读"五经"及古文，如《唐宋八大家文钞》《古文观止》之类，同时开始学作文章（八股文），为应童试及科举考试做准备。义学中规矩也极严，学习期间，如果先生认为某生性情顽劣或粗鲁太甚，不守塾规者，除对学生进行处罚外，可随时责令退学。当时受过学校教育的人中，大多数是在这种塾学中完成其启蒙教育乃至终身教育的。

在朝廷的大力倡导下，清代不少中央官员和北京地方要员都积极在北京创办义学。南锣鼓巷内就曾设有一处，据《光绪顺天府志》记载："光绪元年，周世堃、朱梁济、刘永怀建'诚正义学'，在南锣鼓巷秦老儿胡同。"

私立求实中学

北京近代的新式教育发端于19世纪后半叶的洋务运动，20世纪初，随着科举制的废除和新学制的建立，近代教育的第一个发展高潮出现。各种新式学堂学校纷纷建立，使北京的教育面貌发生了极大的变化并影响全国。以"中学为体，西学为用"为主张的洋务派，于同治元年（1862）创办了第一所近代新式学校——

私立求实中学旧址

"京师同文馆",它的创立成为北京及全国近代教育的开端。光绪二十四年(1898),戊戌维新运动期间,由光绪帝批准在北京建立了中国第一所现代意义的大学——"京师大学堂"(即今天北京大学的前身)。光绪三十一年(1905),清政府在推行"新政"的过程中,正式废除科举制,成立清学部,实行新学制,激发了创办新式学堂的热潮。

求实中学是近代北京最早由中国人开办的私立中学之一。校址在鼓楼东大街202号。光绪二十七年(1901)由翰林院检讨蒋武星,编修文斌、宝熙等创办,名"求实学社"。次年文斌任校长,改名"觉罗八旗中学堂",光绪三十年(1904)前后改称"求实中学堂",辛亥革命后,1912年改称"求实中学"。分为小学、中学两科,还附设有宿舍。学科进修年限等一切规定都有学部章程可循。1929年开始招收女生。其学费普通小学科每月一元,高等小学科两元,中学科三元,住宿费每月二两半,经费由每月学费收入支办,不足时由创办者补足。按学部指令,该校可以成绩优良为据,对毕业生给予同官立、公立学校毕业生同等待遇。总之,"求实中学"是当时北京私立学校中办学比较出色的学校。

私立崇实小学

该校成立于清光绪二十七年(1901)二月,校址在地安门外南锣鼓巷20号。原名为"学实家塾",后由督学局定名为"京师私立第十三小学堂"。民国元年(1912)十二月,由京师学务局

私立崇实小学旧址（今古巷贰拾号酒店）

批准立案，更名为"京师私立第五十国民学校"。民国四年（1915），更名为"京师私立第二十九国民学校"。民国七年（1918），改编为"京师私立第十五国民学校"。民国十一年（1922），奉令改为"崇实小学"。校长为洪永清。

河北北京师范专科学校（河北北京师范学院、河北师范学院）

创建于光绪二十八年（1902），最初称为"顺天中学堂"，后改为"顺天高等学堂"。1914年更名为"京兆公立第一中学"。1925年又易名为"京兆高级中学"。1928年改名为"河北省立第十七中学"。校址在地安门外以东原"兵将局外厂"处（今地安门东大街127号）。1928年以前，学校只设高中班，文、理分科，后又添设初中班。1933年改名为"河北省立北平高级中学"。

1937年"七七事变"发生，学校陷入停顿状态。不久由伪方派员接收。1940年7月，改为"北京市立高级中学"。

新中国成立后，该校改为"河北北京师范专科学校"，后又与"河北天津师范学院"部分系科合并，改称"河北北京师范学院"。"文化大革命"结束后，校名去掉"北京"二字，称为"河北师范学院"，并先迁往宣化，后又迁至石家庄。

河北北京师范专科学校旧址（今北京五中分校）

前圆恩寺小学

光绪二十八年（1902）创办，校址在东城区前圆恩寺胡同，是清八旗官学之一，归学务大臣管辖。光绪二十八年（1902）校名改为"八旗第一高等小学堂"。1912年改名"京师公立第一初高等小学"。1915年改名为"京师公立第一国民高等小学"。1923年改名为"京师公立第一小学"。1935年改名为"北京市立前圆恩寺小学"。1937年改名为"北京市内五区第十七、十八、十九保国民第一小学"。1949年改名为"北京市立前圆恩寺小学"。1952年改名为"北京市东四区前圆恩寺小学"。1958年改名为"东城区前圆恩寺小学"。1976年改办"东城区交道口地区少年之家",1978年恢复"东城区前圆恩寺小学"。2000年以后合并归为"东城区黑芝麻胡同小学"。前圆恩寺小学的原校舍仍保留着四合院幽静、古朴的特点。这所百年老校孕育出无数人才,经常有海外赤子回母校探望。

清语同学会

光绪二十九年(1903)开办,地址在皇城根霞公府帽儿胡同。是由毕业于东京外国语学校清语科的日本人山本洺四郎、上田三德、古贺邦、林要五郎四人共同发起创办的。该会是为研究中国语言提供方便而设立的,不另设会长,由评议员和干事协商处理一切事务。由于参会的多数语言学研究者白天都有工作,所以每

清语同学会所在的帽儿胡同

天晚上开会，按照学历把学生分成数个班进行教授。其学科为中国语时文，每周授课一次。另外还举办讲演会，请知名人士做关于清国制度、文法等的讲座。听讲学生人数因时期不同而有增减。该会经费靠学员会费及有关人士的资助。

私立惠中女子初级中学

1912年建立，初名"京师刺绣传习所"。1923年改建为"中央女子工艺学校"。1925年改组为"中央女子中学校"。1928年10月，改为"惠中女子中学"。1931年8月，定名"私立惠中女子初级中学"。校址初在内五区地安门外炒豆胡同，不久迁至内三区交道口南大街79号，校长是张玉佩。

私立中法大学

"私立中法大学"是一所中法民间合办的综合性大学，校址在东黄城根39号。民国初年留法俭学会在西山设立"法文预备学校"，1920年扩充为

私立中法大学所在的地安门东大街

文、理两科，改称为"私立中法大学"。次年，在法国里昂成立"中法学院"作为海外部。1924年在东华门大街旧宗人府成立"孔德学院"，移理科于地安门外吉祥寺改称"居礼学院"，移文科于东黄城根39号改称"服尔德学院"，生物研究所改称"陆漠克学院"。1937年北平沦陷后，学校被迫停办，文理两院相继南迁昆明，1946年复校仍设文、理、医三学院。历任校长是蔡元培、李书华、李玉麟。该校附设有"孔德学校""温泉小学""温泉初级中学""碧云寺小学""吉祥寺高级中学"等，新中国成立后该校撤销。

温泉初级中学

1923年由李石曾先生创办于京西温泉村，是私立中法大学的附属学校——西山温泉初级中学（今北京市第四十七中学）。1924年5月，在北安河皇姑园（环谷园）购置新校舍，建立男生部——温泉中学，原温泉村的校址改为女生部——温泉女子中学。两校第一任校长为李复生。师生爱国进步，参加过"一二·九"抗日救亡运动。抗战爆发后，学校迁东城南锣鼓巷。男校在内五区交道口南大街炒豆胡同23号，女校在地安门东黄城根（今地安门东大街）22号。1938年因拒绝参加日伪组织的游行而被勒令停办。1947年在南锣鼓巷复校，改为男女合校。学校地下党组织团结、教育师生，参加反对国民党统治的民主运动。北平解放后，学校改为"国立北平中法大学附属西山温泉中学"，并于当年迁回环谷园。

私立两吉女子中学

1922年建立,原称"女子两级中学校",1930年改为"私立两吉女子中学"。校址在内五区地安门东黄城根(今地安门东大街20号)。

黑芝麻胡同小学

始建于1923年,校址在南锣鼓巷黑芝麻胡同11号,是一所历史悠久的公立名校。该校原是旅京湘人蒋水生在黑芝麻胡同创设的"中华女子职业学校"。1949年经教育部门批准成立"私立宏仁小学",1954年改为"煤炭部煤炭管理局子弟小学",1958年由东城区教育局接管后改名为现在的"黑芝麻胡同小学",1978年成为东城区重点校,著名作家茅盾先生亲自为学校题写校名。2000年9月,东城区教育局又将前圆恩寺小学和宽街小学(部分)与之合并,统称为"黑芝麻胡同小学"。

今是中学

1925年建立。"五卅"运动爆发后,全国人民群情激愤,掀起了罢工、罢课、罢市的高潮。一些教会学校在帝国主义侵略势力的控制之下,对学生参加爱国运动进行阻止和压制,于是学生们纷纷用退学的方式表示抗议,显示了和帝国主义侵略势力斗争到底、毫不妥协的决心。但校方却对退学的学生进行刁难，不出具退学手续，使学生退学后无法转入其他学校插班，形成了"退学即失学"的局面。北京各界人士对此十分愤慨，冯玉祥将军号召属下全体官兵捐资办学，以解爱国学生失学之急。全军共捐资两万银圆，各界贤达之士组成了校董会，每年认捐五千银圆，校长简又文每年认捐三千银圆。于是在两个月内办起了一座中学，命名为"今是中学"，接受了全部教会学校退学后失学的学生。"今是中学"之名取意"觉今是而昨非"。1928年校址从西郊迁到内五区交道口南大街棉花胡同（今东棉花胡同），1933年，再迁至内三区大佛寺东街1号，1935年又迁校址于内二区和平门内西顺城街（今宣武门东大街）。

私立进德中学

1927年建立，位于前鼓楼苑胡同4号，校长为朱毅琛。在私立中学中，规模、地位、名声都勉强可入中等。约在20年代末，校址从内五区鼓楼东大街小大佛寺5号，迁到前鼓楼苑4号。

华北大学一部、二部

华北大学前身是"陕北公学"。1937年7月,抗日战争爆发后，全国各地大批进步青年学生涌向延安。中共中央为培养这些青年学生参加抗战工作，委托林伯渠、吴玉章、董必武、徐特立、张云逸、成仿吾等几位热心于教育事业的老同志负责筹建工作,成立了"陕北公学"。"陕北公学"在延安的两年办学中,为抗日战争第一线培养输送了6000余名优秀干部。"陕北公学"创建后,1939年7月,随着抗日战争的革命形势发展,抗日革命根据地日益巩固和扩大,中共中央又决定将"陕北公学""延安鲁迅艺术学院""延安工人学校""延安吴兰堡青年训练班"合并,成立"华北联合大学",开赴华北,在敌后开展国防教育。

1948年春,在解放战争取得伟大胜利、华北即将全面解放的大好形势下,为了储备和培养干部,经中共中央与华北局决定,将原属晋察冀边区领导的"华北联合大学"和原属晋冀鲁豫边区领导的"北方大学"(创建于1946年春,校址设在河北省邢台县)合并,成立"华北大学"。1948年6月创办,同年8月24日正式开学,著名教育家吴玉章任校长,原"华北联合大学"校长成仿吾、"北方大学"校长范文澜任副校长,钱俊瑞任教务长。"华北大学"下属四个部和两个学院:干训部、师范部、艺术部、研究部、工学院和农学院。"华北大学"历时一年半左右的时间,为党培养输送了16928名干部。校址先后设在河北省正定县和北平市。1949年5月,"华北大学"校部迁往北平,在正定设立分部。同年11月16日,"华北大学"正定分部迁往北平,学校更名为"中国人民大学"。

"华北大学"迁入北平以后,其校舍和校址曾分布在多处,其中,南锣鼓巷地区就曾是其部分校舍的所在地。华北大学一部一区队、一部七区队都曾设在棉花胡同;二部社科系也曾驻在这里；三部也迁址于此。另外还有许多较小的校舍分布在各处，如在蓑衣胡同、沙井胡同等数十处。此外，"华北大学工学院"在1949年8月迁到北平后，于10月在南锣鼓巷开学，后移址半壁街，12月迁到钱粮胡同13号，1950年9月迁入东黄城根原"中法大学"旧址。

私立育青女子高级职业学校

1940年开办，地址在第五区鼓楼东前鼓楼苑胡同3号。这所学校是前清宗室荫昌为尹梅伯（原是伪"满洲国"的一个电影演员）安排社会地位而开办的。当时学员有200人左右，属中专教育，设有家政科、文书科、商业科。1945年抗战胜利后，国民党大刮接收敌伪机关、学校、企业的"劫收风"，中国共产党在北平工作的地下党员顺利接管该校，并由高光斗任校长。

私立育青女子高级职业学校旧址

中央戏剧学院

中央戏剧学院（简称中戏）位于东城区东棉花胡同39号，其前身是"延安鲁迅艺术学院"、晋察冀边区"华北联合大学文艺学院"、晋冀鲁豫解放区"北方大学艺术学院"三部分组成的"华北大学"第三部。1949年筹建"戏剧学院"，在"华北大学"第三部的基础上与"南京戏剧专科学校"合并，于1950年4月正式成立"中央戏剧学院"，1953年学院改成专门的话剧学院。"文化大革命"时期曾改称"中央五七艺术大学戏剧学院"，1978年恢复"中央戏剧学院"的名称，隶属文化部，为国家级高等艺术院校。

中戏占地面积17132平方米，建筑面积24893平方米，建

中央戏剧学院

有教学楼、学生宿舍楼、实验小剧院、图书馆、电教室等。其中位于学院东北侧的三栋二、三层的旧楼系原日本中学遗存建筑，原楼建于20世纪30年代，砖木结构。当初的布局为马蹄形，北、东、南三楼连为一体，后经过改建，南楼和东楼的一部分被拆除，东楼为二层，已与南楼不相连。现北楼保存完整，地上三层，楼内有宽敞的楼梯，各层南侧为通廊。此建筑已列为全国第三次文物普查新查项目。

中戏继承了"延安鲁迅艺术学院""华北大学文艺学院"等院校优良学术传统，传承了北京这一文明古都渊源悠长、底蕴深厚的传统文化，并以开放的心态和宽阔的胸怀，兼容并蓄着世界不同历史渊源和自成体系的戏剧艺术文化。

综上所述，南锣鼓巷作为北京城古老的街巷之一，它蕴藏着古都深厚的历史文化，也记刻了古都文化教育发展历程的足迹。在如今城市建设规模空前扩大、都市生活异彩纷呈、民族文化交流日益频繁的过程中，南锣鼓巷地区的文化教育事业也正向前快速地发展，并取得了丰硕的成果。

附表：清末南锣鼓巷地区中小学堂补充一览表

名称	地址	设立年月	学级数	学生数	教员数	职员数	经费数（月额）	管理人姓名
顺天中学堂	地安门外兵将局外厂	光绪二十八年（1902）	4	122	13	13	2333两3钱	陆长俊
八旗第一高等小学堂	安定门内前圆恩寺	光绪二十八年（1902）三月二日	6	149	9	6	580两	蔡玮
左翼八旗第二初等小学堂	炒豆胡同路北	光绪三十年（1904）四月	2	50	2	2	82两	文成
内务府三旗第五初等小学堂	后圆恩寺街	光绪三十一年（1905）十二月	1	26	1	1	36两5钱7分	奎兆
求实中学堂	地安门外后鼓楼苑	光绪二十七年（1901）十二月一日	4	97	16	22	350两	宝熙 千式枚 文斌
私立初级小学堂	南下洼子龙泉寺	光绪三十二年（1906）闰四月十五日	2	57	2	1	50两	僧道兴
京师私立第六初等小学堂	南锣鼓巷	清末						
内三学区私立第十三初等小学堂	南锣鼓巷	清末						

说明：此表据光绪三十二年（1906）九月调查的《京师官公立师范中小学堂一览表》和《京师私立中小学堂一览表》统计而成。

附表：民国以来南锣鼓巷地区文化教育机构补充一览表

1. 中小学

校 名	地 址	创办时间
东方高级中学	内五区地安门外帽儿胡同	民国十八年（1929）
私立中法大学附属高级中学	内三区东黄城根甲40号	民国十九年（1930）
市立第二女子中学校	地安门外黄城根	
雨儿胡同短期小学	雨儿胡同	
宽街小学	地安门东大街	
帽儿胡同小学	帽儿胡同17号	

2. 职业学校、成人教育、补习学校、民众学校

校 名	地 址	创办时间
远东宣教会	在东黄城根泽公府旧址	
国立北平高级助产职业学校（第一助产学校）	交道口南大街84号	民国十八年（1929）
私立竞成职业补习学校/私立竞成女子职业补习学校	内五区南锣鼓巷111号	
私立国文补习学校	地安门外菊儿胡同3号	
私立惠君国画传习所 私立惠君国画学校	安定门内棉花胡同丙24号	
私立惠君女子国画科职业补习学校	内五区炒豆胡同8号	

续表

校　名	地　址	创办时间
私立维根第一民众学校	地安门外菊儿胡同	
力工建筑工业补习学校	地安门外东黄城根	
第一社教区民教馆附设民校	鼓楼大街	
日伪时期办竞成女职日语补习班	南锣鼓巷	日伪时期
日本大使馆立新冀日语专门学校	地安门外	日伪时期
华北日语学校	安定门内棉花胡同	日伪时期
日语专修馆	棉花胡同	日伪时期
宏门日语学校	鼓楼大街	日伪时期
北京市汽车分电器厂职工学校	地安门东大街	
鉴真文化学校	地安门东大街	
手风琴学校	地安门东大街	

3. 幼儿园、幼教机构

名　称	地　址
育婴堂	东黄城根
北京服务公司幼儿园	地安门东大街
东城区东棉花幼儿园	东棉花胡同20号
兴华托儿所	东棉花胡同26号

说明：此表所列各项由于依据的资料来源不一，故有内容缺项、新旧地名并存、门牌号码不详等情况。考虑到资料保存的必要，附列于此，仅供参考。

逸闻旧事

有着700多年历史的南锣鼓巷地区，承载了北京人太多的喜怒哀乐，从明朝将军到清朝王爷，从北洋总统到国民党总裁，从文学大师到画坛巨匠，从满洲八旗到市井百姓……无不在此演绎出一幕幕悲欢离合的人间悲喜剧。这里的每一条街巷胡同都留有历史的痕迹，流传着旧事传说。

梅梢月的传说

南锣鼓巷地区有一条名叫帽儿胡同的街巷。此胡同里曾有一座叫"显佑宫"的大庙。显佑宫里原有一块刻有一枝梅花和梅花梢头弯月的石刻,叫作"梅梢月"。有人说,此图案不是人工所做,而是光光平平的玉石上长出来的天然花纹。不管怎么说,这块有梅梢月的石头,也早就随着庙的拆除而不知去向了,留下的是人们还在流传着的一段关于梅梢月的传说。

话说有一家闺女,不是北京本地人,自幼好丹青,尤精"三友"之梅,远近乡里都称其才,还送了她一个好听的名字:"梅花姑娘"。一天,梅花姑娘刚画好一枝历冬寒吐新蕊的粉梅,左右端详之后觉得寒梅未免孤寂,于是在梅梢后面加绘了一弯新月。姑娘这才觉得满意,于是拿到外面予人观看。谁知,看过梅花姑娘这张画的人却都皱着眉头,叹息着说:"唉!梅花姑娘怎么画出这样的画啊?这跟古人的画不一样啊!这跟有名望人的画也不一样啊!"还有人说:"梅花姑娘要照这样画下去,恐怕就没人爱她的画了。"有人说新梅之后应该映衬着满月,这才算祥瑞,否则寒梅配残月,太过凄婉。有人更是借马致远的"梅梢月斜人影孤,恨薄情四时辜负"的词句来形容。从这以后,梅花姑娘的画作再也得不到别人的夸奖,也没人再提她的名字。可梅花姑娘还是爱她这张梅梢月,她觉得这种新画法是对的。

渐渐地,梅花姑娘就烦闷起来。她自言自语地说:"究竟我这画梅梢月的法子好不好呢?对不对呢?"她想了又想,想不出个道理来。有一天,她忽然想出一个法子来,就高高兴兴地去和爹娘说:"爹、娘,我画的这张梅梢月,不是没人爱吗?那也许是他们不懂,也许是我画得不好,我要走遍天下,看看有没有画梅梢带月牙儿的!"她娘一听就急了,说:"那怎么行,一个姑娘家,哪能去走遍天下啊?"梅花姑娘说了一遍又一遍,最后她爹无奈地说:"你走吧,你打扮成一个男孩模样,像个游学秀才似的,去到各处瞧瞧也好。"梅花姑娘真的背起了小书箱,像个游学秀才似的,离开了父母,到处找"梅梢月"去了。

梅花姑娘走了很多地方,她碰到过画梅花的,也碰到过画梅花有月亮的,可都是在梅花树后头画出一个满月,她更烦闷了。她到生长梅花的地方去看,走到山坳里看,走到水边上瞧,总觉得那树后头有个大圆月亮是不好看的,为什么呢?她说不出道理来。这一天,她往北走,路上听到两个人在说话,一个人说:"梅梢上画月牙儿是很好看的,可惜没人懂。"一个人说:"哪天我有时间也到北京瞧瞧去。"梅花姑娘听愣了,等说话的两个行路人走远了,她才明白过来,后悔没有打听这张画在北京什么地方。于是,她往北京走去,可进了北京城,她心里犯了嘀咕:这么大的北京城,叫我去哪里找这张画去?她绕了很多街巷,一天,她走到了北城一座大庙前面,看见庙墙上砌着一块白玉石,她不瞧这白玉石还好,一瞧见这白玉石,连一步也走不动了。原来,这白玉石上正是一幅梅花梢上挂着弯弯月牙儿的梅梢月,和她画的梅梢月一模一样。梅花姑娘越看越喜欢,正在这时,从东边走来一位白胡子老头儿,梅花姑娘赶紧上前问:"请问老伯伯,这么好的梅梢月,是什么人画的呀?"老头儿上下打量了一下梅花姑娘,说:"你问这梅梢月呀?是这——"说着用手一指庙门上的匾额,"显佑宫里的傻道士画的。"梅花姑娘这才瞧见庙的匾额是"灵明显佑宫"五个金字。她赶紧问:"老伯伯,能画这么好的画,怎么会是傻道士呀?""他怎么不傻?他打十几岁就爱画梅花,画了几年,画出来这么一幅梅梢月,谁瞧见谁都说不好,可是傻道士偏说比梅花树后头有大圆月亮的好。"梅花姑娘一听,心里想:这不是跟我一样吗!就赶紧问老头儿,说:"这就算傻吗?""怎么不傻?傻道士画了这幅梅梢月以后,他就呆呆地等着夸这幅画的人,从20岁等到30岁,没人夸他。又从30岁等到40岁,还是没人夸他。他急了,就把这幅画刻到石头上,砌在庙门外头,等人来夸这幅画。等了一年又一年,等了十年又十年,一直等到这个傻家伙80岁,还是没人夸这幅画。傻道士等急了……"梅花姑娘听入了神,当她听说傻道士等急了,她也急了,连忙问:"傻道士等急了,以后怎么样啊?"老头儿乐了,说:"姑娘你别忙啊!傻道士打20岁等到80岁,等了60年,也没人夸他这梅梢月一句好,他能不急吗?傻道士这么一急,就急死了,离现在还不到一年呢。"梅花姑娘想起了自己的心事,又可怜傻道士的傻劲儿,不由得一跺脚,说:"咳!可怜这位傻道爷,可惜这么好的梅梢月没人懂!"白胡子老头儿哈哈大笑了一阵,上下又打量了梅花姑娘一番，慢条斯理地说："姑娘，我瞧你也会画画吧！傻道士画的梅梢月是不坏，可梅梢上画个月牙儿，算什么奇怪？梅花也有这样那样长的，月牙儿也有升起落下去的，样多了，他不会多画几样吗？他老守着这月牙儿在梅梢顶上的这一样，等人夸他，他不是傻道士，还是聪明道士吗？"老头儿说完，就笑着走了。梅花姑娘听了白胡子老头儿的话，仿佛懂得了些什么似的，她再看了石头上的梅梢月一眼，就回家学画画去了。显佑宫的梅梢月自打这起，就流传下来这么一个传说。

黄瓦财神庙的传说

鼓楼东大街117号（原46号）原是一座财神庙，因为此庙是用黄琉璃瓦做顶，故当地人称之为黄瓦财神庙。关于黄瓦财神庙名字的由来，其中还有一段传说。

北京的庙多，尤其是供财神爷赵公元帅的庙更多。但一般的财神庙形制很小，房顶上使用的多是灰筒瓦，黄瓦除宫殿以外是不准使用的，可这座财神庙为何使用黄瓦呢？据传，此庙原来也是灰筒瓦顶，由于雍亲王胤禛（后来的雍正皇帝）每天上朝由雍亲王府（今雍和宫）到皇宫要从此庙经过。这座小庙颜色灰暗并无灵气，可是雍亲王称帝心切，但康熙皇帝的儿子多，有作为、有本事的也多。胤禛并不是长子，又不是最有作为的，皇位是不是能由他来继承，还是个未知数。所以每当走过这里，他总是心里祷告，希望赵公元帅保佑其当上皇帝。有一次，他居然下马进去朝拜，而且还许愿：将来如果自己能当上皇帝一定重修此庙，再塑神像。这天夜里，胤禛做了一个梦，梦见财神爷向他面授机宜，说只要按着他的办法，将来保准能登上皇位。

雍正帝

后来，胤禛真的按照财神爷的办法，从全国各地搜罗了一批鸡鸣狗盗之徒，并发给这些人金银珠宝，使他们死心塌地为他效劳。他们打探各个王爷府的隐私，从皇宫传递各种小道消息，给其他皇子造谣使坏，神不知鬼不觉地暗杀敢反抗的人，如此这般，胤禛的势力越来越大。这当中特别难的一件事，是换传位诏书。传位诏书密封在紫禁城太和殿金銮宝座上面正当中"正大光明"匾后面一个小匣子里，离地足足有三丈多高。太和殿又守备森严，这伙人硬是把康熙皇帝用三道金锁密封的传位诏书偷了出来，把原来"传位十四皇子"的诏书，换成"传位于四皇子"。这是灭九族的大事，都有人给他干，为什么呢？原来胤禛就是按照财神爷托梦时教给他的法子：给钱，多多地给钱。

圣祖康熙帝驾崩时，雍亲王胤禛又到庙内祷告。后来，雍亲王果然登上了皇帝的宝座，遂了心愿。他在铲除异己的同时，并没有忘记登基前许下的愿——重修财神庙。他派人将原来的小庙拆除重修，但因地方有限，修不出豪华的气派，于是便使用了至高无上的黄琉璃瓦，用以报答保他登上皇位的财神爷。从此，在一片民居房中便出现了一座金光灿灿的财神庙，老百姓都叫它"黄瓦财神庙"。

枪毙京兆尹王治馨

民国年间在南锣鼓巷肃宁府胡同里，曾有一位"京兆尹"居住，他就是被袁世凯枪毙的第一个部级大员——王治馨。

民国建立，袁世凯成为第一任大总统，为了防止官僚腐败，他成立"肃政厅"纠举违法渎职官员，而纠弹处理权则掌握在大总统手中。民国初的肃政厅设都肃政史一名，另有肃政史16人。都肃政史和肃政史与前清左都御史和御史大同小异，于是民国北京官场上"都老爷"的名称再度复活。按当时制定的《官吏犯赃治罪条例》，对赃官处罪很重，其第二条规定：贪赃500元或1000元以上，即处无期徒刑或死刑。这个针对官员腐败的督察机构在北洋政府前期共查办400多件涉及省级官员的案子，其中最有名的就是都肃政史夏寿康查办京兆尹王治馨的贪渎案。民国初的"京兆尹"相当于北京市市长，这是民国初年有名的腐败弹劾案，弹劾部长级官员并处以死刑，确实极为罕见。

王治馨，山东莱阳县人。他早年是袁世凯的账房先生，在清

王治馨墓志拓片

朝袁巡抚山东时，曾派王赴东三省办理某事，王即有贪渎行为，事后返回济南被袁世凯所知，命令立即处死，当时有人为之说情，才留得性命。其后王攀附上袁的亲信赵秉钧，为赵所重用。袁世凯后督北洋，锐意举行新政，命赵创办巡警，王追随投身警界，算是中国警察从无到有的元老级人物。赵秉钧在清代已是全国警察总监，王则在光绪三十一年（1905）成立的"京师警察厅"为官，直至民国后任"京师警察厅"总监。

王治馨在警界十余年，加上和时任总理赵秉钧的关系非同一般，在京城可是烜赫一时，1913年底，王升任"京兆府尹"，成为京畿最高首长。但是王素本性贪婪，官名不佳，在警界尚有所收敛，掌控地方后，贪欲日现。京兆府那时所辖24县，王上任后居然收取了23个县官贿金，仅有一个县太爷因有后台得免，送贿者每人孝敬几千，其赃款达5万以上。他在短时间里，在天子脚下大规模受贿，即使在前清200余年中，也是鲜有所闻。王敢于如此为之，一因为其强大的警务司法背景，自以为有恃无恐；二因为他是袁系北洋老人，总理赵秉钧的亲信，自认为有强大的政治后台。

查办王治馨这样有背景的大员是时任都肃政史的夏寿康，夏平素不喜交游，沉默寡言，为人刚正清廉。1913年调入北京，旋即就都肃政史职，袁世凯鉴于当时吏治松弛腐败，曾属意下大力整顿。1914年，夏寿康风闻王治馨的贪劣行径，遂秘密调查，查实证据，上报总统。袁世凯反应奇快，三日内，从总统批准到大理寺院审判、宣判，再到枪毙执行，王治馨已命丧黄泉。

王治馨被杀的过程也很有意思，从袁世凯收到夏寿康的报告，即刻批复，然后由大理寺院开庭判决，宣告死刑，判决到执行没超过24小时，办理之迅速，前所未有。王治馨自己更是完全没料到，他在头天被抓进看守所，当大理寺院开庭时，王治馨一入门，觉得不太对劲，被告席上还有两人，也是贪渎官员案，先后判了5年和12年徒刑。法官宣判，声音低小，但尚能听清楚。而到对王治馨的判决，法官起立，手持判决文书，读的声音很小，不但旁听人无人听得明，王治馨自己也未听清楚。闭庭后，王治馨问押解人："到底我是判的九年徒刑，还是七年？"旁人不忍以实相告，也说没听清。出庭后回到看守所，别人问他如何判决，王治馨回答："九年徒刑。"此时，他还不知道已经命悬刀尖。判决后，司法部即赶办呈文，当日下午5点送到总统府，8点钟就批下来马上执行，回函送到司法部，总长已回公馆，遂直接电话通知将王治馨执行死刑。此时王治馨已睡下，从梦中被拖起来才知道大祸临头，魂飞天外，立即被绑赴德胜门外刑场枪毙。王治馨被枪毙后，他的行李被送回肃宁府胡同的宅第内，这时其妻子方才听到噩耗，一时间手足无措。后王家人前去收敛尸体，暂停于德胜门外的极乐林庙中。

麻景贤刺杀日本军官

现 70 岁以上的老北京人，大多会对当年日伪军警抓麻子的事件有记忆。事件起因为 1940 年 11 月 29 日，两名日本天皇特使被人刺杀。日伪震惊，日军及警特便衣在全城戒严，挨家挨户大搜捕。有目击者称行凶人是个麻子，于是悬赏五万，捉拿凶手"大麻子"，全城一片恐怖。而刺杀日本军官的地点就是处于繁华地段的南锣鼓巷地区。1940 年 12 月 1 日的《新民报》头版有标题为《京师一大不幸事，日本军官突被狙击》的事件报道。此事是在国民党平绥军统头目马汉三的指挥下，由他的部下麻景贤亲自行动的。据考证，事情经过应该如此：

1940 年 11 月 29 日上午 9 点 50 分，在当时的东黄城根大街 14 号（美国基督教远东宣教会）迤西"鸿顺成煤铺"门前马路中央，即今地安门东大街 89 号（北京市无线电研究所）迤西的马路上，侵华日军的华北方面军多田部队的两名军官高月保中佐和乘兼悦郎中佐骑马自西向东行至事发地点，被骑车尾随而来的麻景贤在身后连开数枪击中，跌落马下。麻景贤跨车西行，迅速撤离现场。事后，日本宪兵队、特高课和伪警察局特务侦缉队到现场勘察，现场留有手枪子弹一枚、弹壳七个。日本宪兵队将"鸿顺成煤铺"的掌柜和全体伙计，连同两名在岗亭和派出所值班的伪警察一同拘审，虽严刑拷问却毫无结果。据传被击中的日本军官当时一死一伤，伤者被送往医院后亦死去，临死时说开枪人脸上有麻子。于是北平城戒严40多天，见麻子就抓，这就是轰动一时的"北平抓麻子"事件。1941年初日伪在西郊抓获国民党军事委员会北平区行动组组长麻景贤，1月16日解除特别戒严，开放城门。麻景贤刑讯后被处死。

许多人误以为麻景贤是进入南锣鼓巷西行，其实不然。从当时"通缉令"上记载的内容可见麻景贤刺杀日本军官时的勇敢和果断："犯人行凶后立即扶起自行车骑向西方驰去……自经过离现场西方约百米之石桥后即不知去向矣。自行车像黑漆之新车，并无车牌、置放货物之车架……（枪手）体格不瘦不胖，居具中量体形，一见可知为相当有知识之分子。"据研究，当时麻景贤击毙日军军官后应该进入东不压桥撤离现场。一方面事发现场向西百米地方的石桥，即东不压桥，桥北就是东不压桥胡同，而南锣鼓巷则在事发地点东向约150米的地方，文字资料显然不符。另一方面，东不压桥胡同蜿蜒曲折，呈西北、东南走向，与东西向的多条胡同相通。但南锣鼓巷呈南北走向，宽大笔直，

东不压桥胡同

且当年在胡同南口附近有伪警察局的岗亭，胡同内有伪警察派出所。麻景贤绝不会舍近求远，由此而行。综合上述理由推断，麻景贤在地安门东大街击毙日军军官后从南锣鼓巷撤离是不准确的。

麻景贤无论是从南锣鼓巷还是东不压桥离开，在北平沦陷时期，他能够在闹市区击毙日军军官，震慑敌胆，其勇气可嘉，其事迹是值得后人纪念的，这也是南锣鼓巷地区在抗击日寇历史上的重要事件。

"北平潜伏台"大案

北平和平解放前夕，国民党大批特务组织、单线情报员和秘密联络员有计划地潜伏下来，妄图在北平解放后长期与人民政府周旋，梦想东山再起。北平解放后（1949年10月1日中华人民共和国成立，北平市改称北京市），隐蔽战线上对敌斗争的形势严峻，任务艰巨。1950年破获的台湾国民党"国防部保密局北平潜伏台"，就是深挖潜伏敌特的第一个战役。

主犯计兆祥，北京人，1926年生，曾先后担任国民党国防部第三方面军第一总队司令部中尉报务员，绥靖总队第一大队北平区台中尉报务员等。通过查证得知计兆祥在国民党政府内政部北平特警学校1948年最后一期毕业班学习过，这期特警培训的内容就有潜伏、搜集情报、收发电报、密写通信和爆破、焚烧、暗杀、投毒等特务技能。1948年11月北平解放前夕，计兆祥受绥靖总队华北第一大队队长陈恭澍（军统特务）之命潜伏，充任该队"北平分台潜伏台长"，后升少校台长，在南锣鼓巷豆角胡同33号设立秘密电台，从事情报破坏活动。1949年4月，计兆祥改归国民党国防部保密局领导，与在台湾的保密局总台联络。1949年12月，计兆祥担心暴露目标，又租得磁器库南岔7号张氏房产，内有暗室设备，继续进行间谍破坏活动。在1949年一年内，计兆祥除供给台湾国民党政治、经济情报外，更利用各种方法以华北国医学院学生和周口店中华窑业公司职员等面目，多方刺探军事机密、航空设施、政府组织、要员行止等重要情报。根据搜获的计兆祥通报底稿及其通报统计：从1949年至1950年2月被捕前，计兆祥先后和国民党保密局毛人凤通报达215次之多，收发报文稿字数达三万余字。

该案的另一主犯计采南，为计兆祥之姐，曾积极协助计兆祥进行间谍活动。计兆祥使用的特务经费由计采南先后用化名计爱琳，与毛人凤联络领取。计兆祥与计采南的大姐计致玫，天津忠祥棉布庄吴光，天源行义记五金行王寿恒、雷玉璞等也与其特务经费的拨汇有关。

1950年，经北京市公安局对计兆祥间谍破坏活动的多方侦查，并在天津市公安局与群众密切配合下，于2月26日在京津两地逮捕了主犯计兆祥、计采南及与该案有关的从犯吴岚（计兆祥之妻）、计致玫（计兆祥、计采南之姐）、沈德乾（中华窑业公司总经理）、孟广鑫、计兆堂（计兆祥之兄，惠群公司庶务）、吴光宇（计兆祥妻之叔伯兄）、王寿恒、雷玉璞十人。从磁器库南岔7号计兆祥家暗室内搜出美式直流15瓦电台一部，密码本四本（丁密、伈密、振密、挑密），收发报底稿两本，通报统计、人员通讯联络法各一份，美式左轮手枪一支，子弹20粒及计兆祥的假证明书等，在计采南处搜出领取特务活动费所用的手章等。

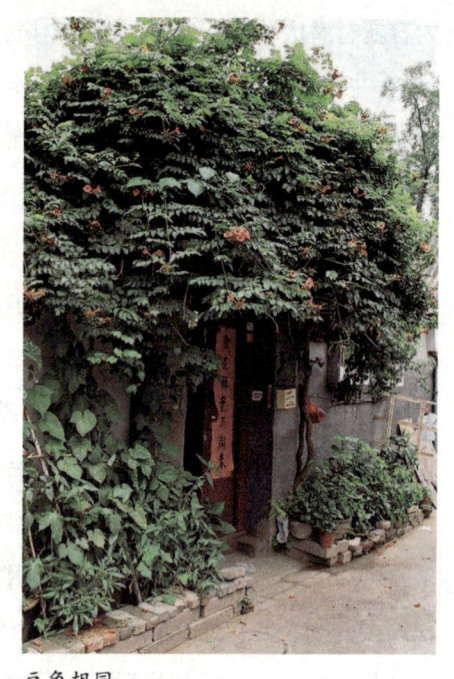

豆角胡同

计兆祥的特务间谍犯罪活动，给新中国的建设事业造成了严重损害，如根据其关于北平南苑机场的情报，1949年5月4日上午7时半，国民党派6架空军B-24型轰炸机轰炸了该机场，投弹30枚，炸毁飞机4架，死伤24人。1950年6月2日，北京市军事管制委员会军法处对计兆祥判处死刑，执行枪决。与该案有关的其他从犯，依据其犯罪情节轻重，都受到了严惩。

当代传奇

　　古典与时尚、传统与现代的有机结合使南锣鼓巷吸引了无数的目光，其凭借独具一格的复古时尚、与国际接轨的先锋时尚，曾被美国《时代》周刊评选为亚洲25处必去之地。这条集酒吧、咖啡馆、特色服装服饰店、创意制作及商品零售店、会所、客栈、特色餐饮于一身的文化创意街区正在光阴荏苒中感受着城市持续生长的呼吸，也散发着神奇无限的魅力。

南锣鼓巷的创意文化街市

700多年的历史，无数的名人，浓郁的艺术和文化气息给南锣鼓巷增添了许多人文景观和小资情调，自然也就吸引了很多人到这里来开酒吧和咖啡馆。这里的酒吧大多比较安静、和谐、自然、亲切、随意，完全没有三里屯酒吧街、什刹海酒吧街的浮躁和嘈杂，让身居闹市的人们找到了内心中的一片宁静。近几年，这里除了有几十家酒吧、咖啡馆之外，很多别致的私房菜馆、青年旅舍以及特色小店不断迁来，商业形态极其丰富。而游走在这里的多以国外游客、"明日之星"的中央戏剧学院学生和成熟的泡吧爱好者为主，也有怀有浓重老北京情结的现代人。客人远离喧闹，在这里体验老北京四合院的气息，享受身心的放松，这种老胡同中的创意文化街市既延续着老北京的市井风情，又点缀着时尚的元素，吸引着中外游客来此徜徉，满足了他们衣食住行以及休闲和娱乐的需求。

文宇奶酪店

宫廷奶酪是清代宫廷奶点之一，曾经是皇家御膳的珍品，深得皇室的喜爱。后传入民间，被称为食中精品，为大众所喜爱。

文宇奶酪

它的原料采用优质鲜牛奶、白糖、糯米酒经烤制而成，风味独特，口味细滑，色泽光亮，洁白如脂。在南锣鼓巷的胡同中穿行，如果你无意中发现有一群人把巷子挤得水泄不通，千万不要惊奇，排队买文宇奶酪早已成为南锣鼓巷的一大景观。"文宇奶酪"店位于南锣鼓巷49号，在这条巷子里算得上"宫廷"老字号了。奶酪店的位置近乎到了巷子的尽头，店面不大，褐色原木的招牌，两扇朱漆木门，几张简单的桌子，而客人动辄就把那里挤得"门庭若市"。据说，这里的店主原是三元梅园的一位老师傅，祖上得到宫廷里厨师的真传，时至今朝，将这一美味重新献给了京城百姓。店内坚持着每天限量，卖完就打烊，提供的奶酪和甜点种类较多，奶酪、奶卷儿、红豆双皮奶、杏仁豆腐……单听这些名字就让人垂涎三尺。

过客酒吧

在南锣鼓巷与板厂胡同口相交的地方，有一排棕色中式窗棂的房子，门上挂着厚重的同色的匾额——"过客"。1999 年开业的"过客"是南锣鼓巷里最早出名的酒吧餐厅，以自创的两款"羊肉串"比萨和"宫保鸡丁"比萨以及富有尼泊尔风情的饮料小吃著名。花木葱茏、绿荫掩映，无论外面的街道上有多喧闹，小院始终保持着一贯的安静与沧桑感。酒吧的老板是一对非常有名的"背包客"，因而这里也成为世界各地的背包客的会聚之地。酒吧的墙壁上贴满了店主人几次骑车去尼泊尔旅途留下的照片，充满强烈的视觉冲击力。古旧的落地木书架与屋齐高，里面填满了背包客们带来的世界各地的中英文书籍。中式的四合院、古典的家

过客

具、美味的食物，成为旅行人的美好记忆。坐在店里看窗外的人来人往，恍惚间不禁疑惑：你是谁眼中的风景，谁是你生命中的过客？

创可贴8特色T恤店

"创可贴8"是一家以北京为设计元素的有趣的T恤店。老板Dominic（多米尼克）17岁便离开英国，去了非洲，然后又去了南美，之后又去了印度，最后来到中国并很快爱上了这里。至今，他在北京已经闯荡了十几个年头，还给自己起了个中文名字——江森海，而他也从一个哼着"Beatles"的英国小伙儿变成了地道的京城"胡同串子"。一开始，江森海只是给北京外企的员工当外教，一个小时可赚两三百元，之后自己还开过公司，做过市场调查。2001年，江森海看到了南锣鼓巷房屋出租的广告，那时候南锣鼓巷还没有酒吧、咖啡厅，于是他以每月1500元租下了房子，主要出售T恤文化衫，并把自己对北京的热爱都"感染"到了他设计的T恤上。他平时总喜欢把看着有意思的东西摄进镜头，包括北京街头的老旧路牌、过时的月历牌等，时间久了，他竟然积累、记录了很多十多年间北京变化发展的这些标志性"符号"，而这些记录就成了他T恤上的主题。小店的名字"创可贴8"

乍听起来让人一头雾水。创可贴的英文是 plastered，有三个意思：一是直译的创可贴；二是贴东西；第三个意思是酩酊大醉。这个"中国通"还选择了 8，预示着吉祥。走进创可贴 8，让人感觉如同置身于 20 世纪 80 年代的北京。多年不见的搪瓷红脸盆、老铁皮玩具、儿童三轮车、北京 2 号线的老车票、公交车站牌、金鱼洗涤灵……在这里要么成了室内的装饰，要么成了 T 恤的标志，使你不得不感动于江森海对中国文化的着迷。就连江森海的名片都透着京味儿——蓝底白字极像老住宅楼的门牌号，名片上"创意独裁者"的独特称谓更显示着他小店老板的身份。刚开始，来他店里的顾客大都是外国人，不少中国人觉得他的 T 恤价格太贵。不过慢慢地，这些怀旧图案还是触动了中国人的心。现在，他的创意被越来越多的中国人接受并喜爱，店里的中国顾客已经占到了近一半，每天店里大概能卖出上百件 T 恤。更可喜的是，英国和德国的两家著名品牌商已经和他签约合作，在英国和德国推出

创可贴 8

他的北京特色T恤。不过，江森海最在乎的不是钱，而是文化和创意，他曾说过："我对胡同文化特别喜爱，不想南锣鼓巷变成后海一样单纯的酒吧街，因为这些胡同是北京的灵魂，这些胡同还在活着。"

胡同仁创意文化旅馆

"胡同仁"创意文化旅馆是南锣鼓巷里最具创意的店铺之一，店主李建曾在这里住了一年，几间房间分别是他的卧房和画室。随着南锣鼓巷地区的逐渐繁华，李建觉得在这里住有一点吵，于是就决定把房间腾出来做创意产业。因为天生喜欢清静，他没有选择开酒吧，他认为稀缺的胡同文化蕴含着巨大的商机，于是就把目光放在了南锣鼓巷的胡同文化上，在2007年夏天，他把自己的住处改成了胡同仁创意文化旅馆。胡同仁刚开业时只有五间房，随着人气的飙升，房间无法满足来自五湖四海的游客需求，于是李建就

胡同仁

把后面的院子也租了下来，又开发了四个房间，旅馆的规模扩大到了九间房。除了留下一间自己住外，其余八间房相继开发为单人间、普通间、家庭间和豪华间共四个等级。这里的房客大部分来自英国、法国、德国和美国等国家，他们大多数都是通过网上预订房间，在欧洲以及北美有专门的机构负责胡同仁的营销推广，他们会帮助预订房间的房客确认入住时间。对于为什么选择胡同仁作为旅馆的名称，店主李建认为胡同仁是一个概念，住在胡同里的人、来胡同做客的人、向往胡同生活的人和力图探索胡同文化的人都可以称之为胡同人。胡同仁创意文化旅馆通过北京特有的胡同文化使不同国籍、不同肤色的人聚集在一起，使他们通过亲身居住，共同感受和体味着北京胡同人的生活情趣。

北京古巷贰拾号商务会所

北京古巷贰拾号商务会所是南锣鼓巷里经营面积最大的商户，共占地2000多平方米，于2007年1月开业，共有客房28间，餐厅可容纳80多人同时用餐。其内部的装饰结合了古典和现代元素，既有老北京特色的木雕、刺绣和貔貅，也有西式的水晶吊灯和沙发。据了解，该会所最早名为岳家药铺，是大宅门里的"老七"开设的，不过没有得到进一步考证。在公司购买这里的房产之前，这里是一个极具老北京特色的大众浴池，而更早的时候则是著名的北京东城区洗染厂。北京古巷贰拾号商务会所主要接待

北京古巷贰拾号商务会所

一些外宾以及北京大中型企业的宴请和新闻发布等活动。外宾以游客为主，主要是一些商务人士或者跨国企业的老板以及外国大使馆的官员，他们住在这里可以利用闲暇时间感受南锣鼓巷的老北京胡同文化；而一些跨国企业选择在这里举办活动，首先看中的是南锣鼓巷的文化大背景。北京古巷贰拾号商务会所的装饰设计具有中西合璧式的文化气息，整体环境又相对幽静，为来宾营造了一个私密舒适的交流空间。

除了以上这些特色店铺，在南锣鼓巷还有如只接待单眼皮，双眼皮免进的"单眼皮"酒吧；名字怪异无比的"肚脐眼"T恤店；华裔英国皇家院士开设的异域情调的"老伍酒吧"；全北京最小的"12平方米"酒吧；写满"文化大革命"时

肚脐眼

期标语的"兴穆手工";北京最有名的卖陶笛的小店"陶笛公社";收集外国人拍摄的北京老照片的"北京卡片"等100余家注册商家。南锣鼓巷已经从普通的北京胡同成为全国著名的商业街,老胡同也变成了"金胡同"。近些年来,外地游人和外国背包客的身影代替了在家门口唠着家长里短的大爷大妈,简单装修的酒吧和特色小店糅进了各种不同的时尚创意元素,创意已经成为南锣鼓巷的一个重要标签。聚集着有创意、有文化底蕴的店铺是南锣鼓巷和其他商业街的最大不同。这里的店主极力张扬的是心境和创意,而店铺更充满着前卫的创意文化,是古代胡同建筑与现代文化创意的完美融合,这种具有独特风格的存在方式成为南锣鼓巷地区的一道独特的风景线。已经连续举办八年的"南锣鼓巷胡同文化节"成了南锣鼓巷地区的一个鲜明的文化品牌。鲜花装点的"花香南锣",多种创意品牌的"创意南锣",聚集南锣鼓巷戏剧文化的"文化南锣",多个商家优惠的"惠购南锣"等主题活动,都为游客呈现出一个多姿多彩的南锣鼓巷。文化节不仅让游客们感受到南锣鼓巷古老与现代融合的美丽,帮助游客深入了解南锣鼓巷的胡同文化和街区历史,还不断推动着北京胡同文化的传承与创新,为进一步营造良好和谐的文化环境,促进南锣鼓巷文化建设和文化交流繁荣发展贡献了力量。近些年,为自主创新的年轻

陶笛公社

人准备的、代表前卫时尚与创意的"IMART创意市集"随着"南锣鼓巷胡同文化节"的举办,也在此地生根发芽,并培养了不少铁杆粉丝。这些来自全国各地的创意人士带着他们的作品集聚到百年老巷南锣鼓巷,向来来往往的顾客们宣传着他们的设计理念,

呫摸

同时也在交流中不断碰撞出创意的火花。他们对南锣鼓巷无条件的深爱让文化创意沙龙始终沉浸在一种励志向上、坚定理想和充满信心的氛围中。同时,对许多年轻人来说,创意集市不仅仅展示才华和创意,更可以带来自主创业的启发。这些活动使创意与产品、艺术与生活、文化与经济融为一体,成为南锣鼓巷文化旅游的新地标,使得南锣鼓巷变成了一个集文化、休闲、创意于一身而又富有生活气息的综合性的文化休闲社区。

胡同里的戏剧领地

南锣鼓巷的巷角巷尾中藏匿的已经不只是它的历史,更是现今的文化沉淀和时尚。种类繁多的酒吧、咖啡馆和其他小店渐渐淡化了商业元素,充满浓浓的艺术气息,它们不仅为艺术家们提供了交流的空间,还将创意成果转化为可视、可触的产品和服务,自然而然地成了孕育独立戏剧的摇篮,最终使一个个现实版的梦想剧场在此处破土发芽,各种精彩剧目轮番上演。在这里,戏剧是严肃的和理想化的精神追求,演职人员和观众保持着自尊和对彼此的尊重。这里是戏剧的乐土,这里的人从内心热爱戏剧。

中央戏剧学院实验剧场

中央戏剧学院实验剧场(曾用名"中央戏剧学院逸夫剧场")位于东棉花胡同39号中央戏剧学院内,始建于1978年,隶属中央戏剧学院,为中央戏剧学院下属剧场。剧场可容纳观众717名,拥有直径14米的转台,60道可调速吊杆,是一座设施齐全,集演出、放映、摄录、会议、展示及舞台美术制作等多项服务功能

中央戏剧学院实验剧场

于一体的现代化专业戏剧剧场。30多年来，它以市中心优越的地理位置和中央戏剧学院良好的声誉吸引了众多国内外戏剧院团来此演出，是戏剧艺术交流的重要场所。

国话小剧场

国话小剧场（中国国家话剧院小剧场）是中国国家话剧院直属剧场，是中国国家话剧院于2001年12月25日在中国青年艺术剧院和中央实验话剧院的基础上组建成立的。2009年8月开业，坐落于地安门外大街帽儿胡同45号。剧场设施齐全，配备国内领先的相关设备，设立有150多个座位，内部装修简朴而实用，有很多经典剧目轮番上演。

中央戏剧学院北剧场

中央戏剧学院北剧场在北兵马司胡同里，它的前身是中国青年艺术剧院小剧场，于1996年由航空部礼堂正式改建为专业戏剧演出剧场，地处北京市东城区文化活动中心地区，紧邻中国国家话剧院、中央戏剧学院，曾经是最活跃的民营剧场。2005年被中央戏剧学院成功收购，便成了它的北剧场。北剧场别看地方小且地点隐蔽，但是这一切都掩藏不了它的名气。从这里，走出了众多中戏的名角，上演了众多大剧院都看不到的著名戏剧。

北京七色光儿童剧院

北京七色光儿童剧院位于交道口南大街菊儿胡同14号，是由北京市委、市政府、市文化局、市教委共同投资兴建的，1999年3月建成。七色光是彩虹的颜色，象征着儿童艺术像雨后的彩虹有着勃勃的生机和活力；七色光又是太阳的光芒，寓意着少年儿童绚丽多彩的生活。剧场以上演儿童剧为主，放映电影为辅，也可以演出其他戏剧、歌舞、交响音乐及进行各种文化交流活动。它的建成，是北京市市政府为首都的少年儿童办的一件好事和实事。该剧院于2007年4月8日正式更名为"安徒生"剧场，从此以后，它作为传播安徒生优秀童话作品的艺术基地，坚持上演根据安徒生童话改编的儿童剧。

北京七色光儿童剧院

蓬蒿剧场

蓬蒿剧场是中国第一家非营利性和公益性场制合一的四合院小剧场，2008年8月成立于东棉花胡同35号。剧场取名蓬蒿，源于"仰天大笑出门去，我辈岂是蓬蒿人"的诗句。剧场定期上演青年戏剧人自创的戏剧和举办各种戏剧沙龙，现已成为跨文化跨地域交流项目、艺术节策划与组织、自制出品剧目三者并重的，北京第一家具有艺术风格的民间小剧场。蓬蒿剧场以戏剧文学与演员表演的互动为剧场美学，尤以强调演员对文学的解读能力作为提升剧场质量的重心。除展现中国当代剧场美学以外，蓬蒿剧场坚持小剧场的反商业性戏剧创作原则，努力推出质量上乘的作品，同时也思索公共空间的理性讨论和理性博弈机制，以开放的

蓬蒿剧场

国际交流使理性与感性开始对话，重新唤起戏剧乃至文化之于社会的深层价值。

中央戏剧学院黑匣子剧场

黑匣子剧场位于中央戏剧学院内，是中央戏剧学院教学汇报的展示平台，也是中央戏剧学院传统教学的精华。"黑匣子"的名称跟它的结构有关：当舞台的灯光转暗，观众们激动的面孔变得模糊，环顾四周，怎么看都像一个方方正正的黑箱。每一学期结束时，学校里的领导和老师会在这里检验学生的学习成果和教师的教学成果。每一个学生都希望自己可以成为黑匣子汇报的亮点，并在这个舞台上得到强有力的锻炼。随着演出的结束，他们学会了尊重与珍惜，也开始逐渐成长，而这只狭窄拥挤的黑箱里也变魔术般地诞生了一连串轰动京城的现代派戏剧。

中国国家话剧院

位于帽儿胡同45号，是中华人民共和国国家表演艺术院团，于2001年12月25日在中国青年艺术剧院和中央实验话剧院的基础上成立。

其中，中国青年艺术剧院的前身是1941年延安成立的延安青年艺术剧院，由四川旅外剧人抗敌演剧队、西北青年救国会总剧团以及小小剧团组合而成。1943年剧院同延安部队艺术学校合并，组成联防军政治部宣传队。抗日战争胜利后，又与延安鲁迅艺术学院部分成员组成东北文艺工作第二团。1949年抵达北京，成立了直属新民主主义青年团中央领导的中国青年艺术剧院，第一任院长为廖承志。1952年6月归属中华人民共和国文化部。中央实验话剧院则成立于1956年8月，地址在南锣鼓巷帽儿胡同45号院，当时附属于中央戏剧学院，以导演干部训练班和表演干部训练班部分学员为基础组成。1962年正式独立建制，首任院长是著名戏剧艺术家欧阳予倩，副院长是著名戏剧艺术家孙维世、舒强。主要保留剧目有《桃花扇》《一仆二主》《三人行》《大风歌》《阿Q正传》等。

中国国家话剧院旧址

两剧院合并而成的中国国家话剧院，集中了一批最优秀的话剧舞台艺术人才和影视艺术人才，是一个继承传统、努力进取、富于探索、追求高水准话剧表演艺术、创造话剧艺术精品的生产基地。中国国家话剧院创作和演出近30种剧目，曾赴上海、香港、澳门等地及日本等国家演出，参加了国际艺术节的展演和中外戏剧的交流活动。经典剧目有：《这里的黎明静悄悄》《萨勒姆的女巫》《关于爱情归宿的最新观念》《奇异的插曲》《失明的城市》《玩偶之家》《琥珀》《九三年》《半生缘》《生死场》《哥本哈根》《赵氏孤儿》《活着还是死去》《纪念碑》《一个和八个》《镜花水月》《荒

乔迁新址的中国国家话剧院

原与人》《夜色迷人》《红尘》《普拉东诺夫》等。中国国家话剧院以创作和演出高质量、高品位的中外优秀话剧艺术为己任，同时不断追求戏剧舞台的经典性和实验性，始终体现世界和民族的先进文化成果。

2011年，中国国家话剧院位于广安门外甘石桥305号的新址正式启用。怀念也好，留恋也罢，请记住这个曾经承载着中国顶级话剧艺术的门牌号：帽儿胡同45号。

南锣鼓巷最近两年发展如此之迅速，与该区这些剧场的发展密不可分，此外也离不开中央戏剧学院等艺术院校的依托。南锣鼓巷里的酒吧都属于静吧，非常适合休闲和学习，这就很适合学生的需要。另外，南锣鼓巷里的一些小剧场也为这里聚敛了大量的人气，尤其是中央戏剧学院的几个剧场，吸引了更多年轻人的到来。而说到"南锣鼓巷戏剧节"，许多人都会想这和南锣鼓巷有什么关系呢？实际上即是精选出一批优秀的剧目在这个人气鼎盛的地段，及其周边的中戏实验剧场、国话先锋剧场、蓬蒿剧场、安徒生儿童剧场、东城区文化宫风尚剧场等多家剧场登台展演。在2013年的戏剧节中，戏剧节为了突出小剧场话剧剧目的多样性，在长达60天的时间内，实验川剧、梨园戏、形体剧、环境戏剧等多种表演形式与观众进行了亲密接触。此外，这次戏剧展演季还推出了描绘南锣鼓巷地区的原创话剧《南锣鼓巷7号》，将厚重的南锣文化首次搬上了戏剧的舞台。截止到2017年，"南锣鼓巷戏剧节"已经成功举办了八届，剧目和场次都大大增加，参演剧目的质量也大幅提升，其中不乏名家、名团、名剧，一些国内优秀原创作品也加盟其中，成了南锣鼓巷的另一张文化名片。"南锣鼓巷戏剧节"以低票价的形式、以公益的平台使更多戏剧人有机会表达，使更多普通人走进剧场，享受丰富的精神大餐。戏剧节丰富的活动内容和浓郁的文化氛围，与南锣鼓巷地区浓厚的历史文化底蕴和南锣鼓巷的文化品牌影响力相得益彰，互相促进，对提升南锣鼓巷的文化氛围和文化软实力、构建和谐社会起到了一定的积极作用，为古老的南锣鼓巷增添了文化戏剧的韵味，也是南锣鼓巷地区着力实施"积极保护、文化兴街、和谐惠民"区位特色战略的具体体现。

南锣鼓巷作为北京城古老的街巷之一，它蕴藏着古都深厚的历史文化，传承并展现了它的精华，也记刻了戏剧艺术形式发展的足迹。"南锣鼓巷戏剧节"的品牌打造，不但有利于促进小剧场演出群的形成、完善，也有利于培育戏剧创作和演艺人才、培育演出市场、培育观众人群、培育产业链条，从而为南锣鼓巷打造具有国际化影响力的戏剧文化品牌奠定了坚实的基础。在如今城市建设规模空前扩大、都市生活异彩纷呈、民族文化交流日益频繁的过程中，南锣鼓巷地区的戏剧文化也正向前快速地发展，期待并展望它拥有更美好的明天！

菊儿胡同的现代四合院

四合院与胡同是北京"京味儿"文化的外在体现之一，是构筑北京城的基本单元，更是北京吸引世界的关键。它们的社会价值、历史价值是不可度量的。但是随着时代的变迁，胡同和四合院日益落后，交通、卫生、公共设施等问题突出，这些问题不解决，无益于北京文化的发展和胡同四合院的留存。

胡同四合院要不要保护已经不是问题，关键是如何保护。在这一问题上，建筑学与城市规划专家吴良镛教授提出了北京菊儿胡同新四合院住宅规划设计。该项目1987年正式开始实施，"有机更新"的理论指导了这次胡同改造，其主张："按照城市内在的发展规律，顺应城市之肌理，在可持续发展的基础上，探求城市的更新和发展。"吴教授认为旧城改造要保留好的和有历史价值的建筑，修缮虽已破旧但尚可利用的建筑，拆除破旧危房，逐步过渡，既保留历史文脉的延续，又形成有机的整体环境。

菊儿胡同是南锣鼓巷最北头东边的一条胡同。未改造前，菊儿胡同虽然历史悠久，但是危旧房也较为集中。鉴于这种状况，吴良镛根据四合院平房的历史价值与房屋质量采取不同的改造措施。按照房屋质量，将原有建筑分为三类：一类是20世纪70年代以后建成的房屋，质量较好，予以保留；二类是现存较好的四

菊儿胡同的现代四合院

合院，经修缮后加以利用；三类是破旧的危房，需拆除重建。

　　在可以拆除的房屋中，按照院落边界确定"开发单元"，从最破败的41号院开始，按照经济上的可行性，分期实施"开发单元"。新住宅（包括公建）按照"类四合院"模式进行设计，维持了原有胡同院落的体系，同时兼收了单元楼和四合院的优点，既合理地安排了每一户的室内空间，保障居民对现代生活的需要（如采光、舒适性、私密性、卫生等），又通过院落形成相对独立的邻里结构，提供供居民交往的公共空间，增强居民安全感，创造和睦的居住气氛。保留原有树木，丰富庭院空间。

　　重新修建的菊儿胡同按照"类四合院"模式进行设计，高度基本为2~3层，局部可高达4层，局部还设计了阁楼和地下室，在造型、色彩、材料等方面对传统既有继承又有创新。改造过程始终遵循整体性、自发性、可延续性、阶段性、经济性等原则。既考虑人文因素、自然因素，又要考虑经济问题、部门协调问题。维持了原有的胡同、院落体系，同时兼收了单元楼和四合院的优点，既合理安排了每一户的室内空间，保障居民对现代生活的需要，又通过院落形成相对独立的邻里结构，提供居民交往的公共空间。

更新的"整体性"："有机更新"强调城市是一个协调统一的整体，旧城居住区更新应当注重保持城市的整体性，要研究更新地段及其周围地区的城市格局和文脉特征，从而确保城市整体的统一协调。

更新的"自发性"："有机更新"理论主张"自上而下"和"自下而上"的城市规划方法相结合，鼓励各种类型的居民参与，以便充分调动居民和单位的积极性，从居民的现实需求出发，来制订更新计划。由于菊儿胡同改造工程充分考虑了居民和各单位意见，所以改造过程中各方面都得到了支持和配合。

更新的"可延续性"：旧城更新不能脱离城市发展的历史和现状，更新应了解该地区物质环境的主要问题及其与地区社会、经济情况和城市管理等方面的关系，同时尊重居民的生活习俗，继承城市文化特色的需要，同时也确保更新获得成功的基本条件。

更新的"阶段性"：吴良镛认为，"任何改建都不是最后的完成，是处于持续的更新之中。"旧城更新应当从现状出发，区分不同危旧房的情况，分期、分阶段逐步进行。

更新的"经济性"：不同质量的房屋，采用不同的更新方式，尽可能节省开支。

菊儿胡同第一期工程位于典型的"危""积""漏"的菊儿胡同41号院，该院低于马路约0.80~1.0米，容易积水，人均建筑面积为7.8平方米，院落中普遍建有小平房，建筑密度

菊儿胡同的现代四合院

83%，有2/3的家庭无日照，近80人居住的院落只有一个水龙头，一个下水道口；厕所在院外100米处，环境质量亟待改进。工程于1989年10月动工，1990年8月完工，共拆除老院落7个，危旧平房64间，新建住宅46套，建筑面积2670平方米，比改造前多了2.5倍，有30%的原住户回迁进新四合院住宅。第一期新四合院是由二、三层楼阁围合而成，院落尺度宜人，保留了原有的树木。一层外墙采用了北京传统的清水青砖墙，屋顶小坡檐灰瓦，色彩明朗、气氛亲切，建筑形态与整个南锣鼓巷旧四合院保护区相协调。这次改造所采用的形式是"住房合作社"。每平方米住户投资350元，工作单位补贴250元，其余国家扶植，如果无单位补贴，采用低息贷款，购得房产使用权为住户所有，5年后可以转让。由于多种原因不能参加集资建房者，可以同改建区外愿意参加的居民互换住房，其余按商品房高价出售，补助建设费用，以求平衡。现在这里原有的危房住户生活均得以改善。

第一期工程受到了国内外广泛的赞誉，当然，也有一些问题的反映，这些都是宝贵的经验，促使改造进一步完善。

第二期工程在第一期的改建基础上，确定了该地区人口最为密集的192户，占地1.14公顷的地段作为改建范围，于1991年动工，1992年底相继有四套院落完工，投入使用。1994年上半年二期工程全部竣工，共新建住宅近13000平方米164户。第二期工程对新四合院基本院落的形式做了进一步的探索，根据其所在地段条件以及保留原有树木等因素，将标准院落发展为布局较为灵活的不规则形态院落，以适应不同的现状和空间变化的需要。联系院落的通道从院内移至院外，形成里弄体系，满足步行要求，减少对院内的干扰。

第三期工程的居住条件和建筑质量相对较好，并且涉及鼓楼东大街的拓宽改造。

菊儿胡同的现代四合院

菊儿胡同的更新计划因考虑周全、各方面配合协调而顺利实施。现在200多户居民居住在这条438米的菊儿胡同里。两条南北通道和东西开口，解决了院落群间的交通问题。功能完善设施齐备的单元式公寓组成的"基本院落"，即新四合院体系。原有树木尽量保留，结合新增的绿化、小品，新的院落构成了良好的"户外公共客厅"。这些黑瓦白墙的菊儿胡同新四合院，蕴含着江南民居的秀丽和北京四合院的神韵，既有单元式公寓楼房的私密性，又利用连接体和小跨院，与传统四合院形成群体，保留了中国传统院落式住宅所包含的邻里之情，并与周围的建筑风格和四合院格局有机地统一起来，保护了古都风貌，是北京旧城改造的一个成功的探索。它不仅荣获国内建筑界的六项大奖，还获得了亚洲建协的优质建筑金奖和联合国人居奖，这也标志着世界对菊儿胡同及其文化内涵的认同。如今，走进南锣鼓巷，你会惊讶于在城中心还有这样的"世外桃源"，同时，也会惊艳于它的时尚和旧貌新颜。

新中国成立之初的使馆区

今天菊儿胡同的3号院、5号院、7号院是清朝直隶总督、大学士荣禄的宅第（详述见前章）。这座宅第的3号、5号及寿比胡同6号院在1986年定为东城区文物保护单位。拥有近代欧式别墅的7号院在新中国成立后曾经做过阿富汗驻华大使馆。这座建筑坐北朝南，楼梯平面呈不规则形，砖木结构，地上二层，半地下室。西部为类似八角攒尖顶的塔楼构造。中部和东部屋顶形式亦多样化，局部各不相同，大部分为坡顶，上面覆盖着不同的瓦面和石片。外立面柱式为圆形，开拱券大门、尖券和圆券窗。南立面二层出两处阳台，一层东南角出露台，设计有西式宝瓶栏杆。这座建筑体现了典型的折中主义风格，设计精美，结构坚固，保存完整，具有较高的历史和艺术价值，后来该院落交给了北京某研究所管理。

菊儿胡同7号，原阿富汗驻华大使馆

在拥有众多名人故居的南锣鼓巷地区，帽儿胡同也算是最具典型特点的。在帽儿胡同7~13号院是著名的文煜旧宅（详述见前章）。其中9~11号院曾一度用作朝鲜驻华大使馆，后改做招待所和单位宿舍。其中9号院为著名的可园（详述见前章），11号住宅为一座典型的五进四合院，大门对面胡同之南原有大照壁，今已不存。大门后来经过重新整修，门前有上马石。第一进院落扁长，入门内正对一座砖砌影壁，南有倒座房七间；北面为垂花门，门前有一对局部残缺的石狮；垂花门为一殿一卷式，雕饰精美，至今仍保持原样。从垂花门进第二进院落，院落接近正方，有三间正房带耳房及东西厢房。东西耳房之侧通第三进院落，东侧墙上另开屏门通东部的可园。三进院也有三间正房带耳房及东西厢房，并环以游廊。第四进院落的正厢房与二、三进类似，但院落面积较大，并在三进院的正房北面接建一间南房，原有的游廊已残毁大半。第五进院落有后照房九间。虽几经历史变迁，但作为朝鲜驻华大使馆的建筑保存尚好，总体格局没有太大改动，并且已被列入国家级重点文物保护单位。

地下空间与文化长廊

地铁南锣鼓巷站是北京地铁6号线和8号线（二期）的一座换乘站，位于北京市东城区地安门东大街（平安大街）和南锣鼓巷的交会处。

南锣鼓巷所在的平安大街，当年拓宽后多数路段两侧的房屋大都改造成了青砖灰瓦、红柱飞檐的外貌。要使车站成为平安大街中的一个协调的组成部分，就要求新建筑的设计必须有原则地尊重原貌，既延续传统建筑风貌，又要结合现代城市功能有所区别和渐变，这就是"城市织补"手法应用的核心。"城市织补"是指在城市风貌保护区内，历史建筑由于基础设施建设的需要而拆除，建设完工后，地面新建筑的布局和风貌应最大限度地按原状恢复的设计原则。"城市织补"概念是在北京进行旧城改

地铁南锣鼓巷站

造过程中提出,在北京的地铁地面建筑中引入尚属首次。南锣鼓巷站建筑定位为"城市织补"后,设计者从保持"城市肌理"入手,结合地铁建筑的功能精心推敲,最大限度地保留恢复了原有的胡同走向和院落布局,车站内外的装饰仿照四合院的灰砖、檩条、砖雕、红门等元素,最终呈现出来的既有北京老建筑中的高雅府院气质,又去除了繁复的描金彩画等皇家手法,让地铁的建筑风貌更加"平民化"。两个地铁出入口的设计就像四合院的大门,显得古色古香。两侧延伸出的灰墙,则如同四合院的院墙,街边两棵挂牌保护的古银杏树,由于建设者的精心处置,历经几年的地铁建设而毫发无损,与建筑交相辉映,平添几分古韵。据悉,根据地铁施工的最低要求,这里拆除了东西长约300米、南北宽约9~14米的地段。同时,为避免给周边建筑带来损伤,有关部门采用了明挖法进行施工。

地铁南锣鼓巷站

作为现代交通设施，南锣鼓巷地铁站的功能性和实用性也十分重要，独特的车站内部结构突出了人性化的关怀和服务。此车站为地下四层车站，地下一层为设备层，地下二层为站厅，地下三、四层为站台。出于对该地区文物保护的原因，两线轨道和站台均上下叠摞，站台形状也为楔形。同时，为了避免施工对平安大街的影响，车站采用分离式岛式站台，8号线位于平安大街北侧，6号线位于南侧，两线站台中部设置长100米的通道，分别进行上下两层同方向的同站台换乘。这种双向轨道、站台上下叠摞的独特设计，使南锣鼓巷站成了北京市第一座实现双向同台换乘的车站，免去了乘客爬楼梯换乘的辛苦。

目前，6号线南锣鼓巷站已经投入运营；8号线南锣鼓巷站也已于2013年底实现了与6号线的换乘。在修建完成的南锣鼓巷站，乘客双向换乘都在同一个平面，步行距离只有100米，极大地缩小了乘客地铁换乘的时间。作为北京市首次以"城市织补"理念设计的地铁车站工程，地铁南锣鼓巷站的修建已成为今后旧城历史风貌保护区内地铁车站地面建筑的设计范本，同时为广大市民营造了一个体验南锣文化的地下空间，更见证着南锣鼓巷永不停息、沧海桑田般的时代变迁！

参考文献

史料典籍：

孛兰肹等：《元一统志》，北京：中华书局，1966.

熊梦祥：《析津志辑佚》，北京：北京古籍出版社，1983.

沈德符：《万历野获编》，北京：中华书局，1997.

张爵、朱一新：《京师五城坊巷胡同集 京师坊巷志稿》，北京：北京古籍出版社，1982.

刘若愚：《酌中志》，北京：北京古籍出版社，1994.

沈榜：《宛署杂记》，北京：北京古籍出版社，1983.

刘侗、于奕正：《帝京景物略》，北京：北京古籍出版社，1983.

孙承泽：《天府广记》，北京：北京古籍出版社，1982.

孙承泽：《春明梦余录》，北京：北京古籍出版社，1982.

弘历：《清高宗御制诗文全集》，北京：人民大学出版社，1993.

于敏中等：《日下旧闻考》，北京：北京古籍出版社，1983.

吴长元：《宸垣识略》，北京：北京古籍出版社，1982.

昭梿：《啸亭杂录》，北京：中华书局，1980.

周家楣、缪荃孙等：《光绪顺天府志》，北京：北京古籍出版社，1987.

震钧：《天咫偶闻》，北京：北京古籍出版社，1982.

李鸿章等：《畿辅通志》，河北：河北人民出版社，1985.

崇彝：《道咸以来朝野杂记》，北京：北京古籍出版社，1982.

陈宗蕃：《燕都丛考》，北京：北京古籍出版社，1991.

吴廷燮等：《北京市志稿》，北京：北京燕山出版社，1998.

史玄、夏仁虎等：《旧京遗事·旧京琐记·燕京杂记》，北京：北京古籍出版社，1986.

京师总商会工商调查处：《京师总商会行名录》，京师总商会工商调查处，民国十年（1921）.

姚祝萱：《北京便览》，文明书局，民国十二年（1923）.

马芷庠：《北平旅行指南》，经济新闻社，民国二十四年（1935）.

北平市商会秘书处调查科：《北平市商会会员录》，北平市商会秘书处调查科出版，民国二十三年（1934）.

中国联合准备银行调查室：《北京典当业之概况》，中国联合准备银行调查室出版，民国二十九年（1940）.

李定夷：《民国趣史 中华野史（民国卷一）》，泰山出版社，2000.

当代著述：

多田贞一：《北京地名志》，书目文献出版社，1986.

北京地名办公室：《北京地名漫谈》，北京：北京出版社，1990.

北京市档案馆：《北京档案史料2000(1)》，新华出版社，1999.

北京市档案馆：《北京寺庙历史资料》，中国档案出版社，1997.

北京市东城区钟鼓楼文丛编委会：《东城区民间文学作品选》，北京市东城区文化馆，2001.

北京市文物事业管理局：《北京名胜古迹辞典》，北京：北京燕山出版社，1989.

北京燕山出版社：《旧京人物与风情》，北京：北京燕山出版社，1996.

常人春：《红白喜事——旧京婚丧礼俗》，北京：北京燕山出版社，2007.

常人春：《近世名人大出殡》，北京：北京燕山出版社，1997.

常人春：《旧京冥衣铺》，政协北京市委员会文史资料委员会编文史资料选编第41辑，1991.

常人春：《老北京的风俗》，北京：北京燕山出版社，1990.

陈文良：《北京传统文化便览》，北京：北京燕山出版社，1992.

程文著：《吴玉章教育思想与实践》，四川：重庆大学出版社，1992.

邓菊英、高莹：《北京近代教育行政史料》，北京：北京教育出版社，1995.

邓菊英、李诚：《北京近代小学教育史料下册》，北京：北京出版社，1995.

丁守和、劳允兴：《北京文化综览》，北京：北京师范学院出版社，1990.

东城区文化文物局：《北京市东城区文化文物志》，东城区文化文物局，2000.

杜学元：《中国女子教育通史》，四川：贵州教育出版社，1995.

段柄仁：《北京旅游百科全书》，北京：京华出版社，2005.

方彪：《北京简史》，北京：北京燕山出版社，1995.

方可：《当代北京旧城更新——调查、研究、探索》，中国建筑工业出版社，2000.

耿申、邓清兰、沈言、喻秀芳：《北京近代教育记事》，北京：北京教育出版社，1991.

顾军：《北京的四合院与名人故居》，北京：光明日报出版社，2004.

何力：《北京的教育与科举》，北京：北京出版社，2000.

洪烛、李阳泉：《北京 A to Z》，北京：当代中国出版社，

2004.

侯刚：《启功》，北京：文物出版社，2003.

侯仁之：《北京历史地理》，北京：北京燕山出版社，2000.

胡玉远：《燕都说故》，北京：北京燕山出版社，1996.

胡玉远：《日下回眸 老北京的史地民俗》，北京：学苑出版社，2001.

建筑理论及历史研究室：《建筑历史研究第二辑》，中国建筑科学研究院建筑情报研究所出版，1982.

季啸风：《中国高等学校变迁》，上海：华东师范大学出版社，1992.

蒋开松：《二十世纪中国名人大词典》，辽宁：辽宁人民出版社，1991.

靳麟：《北京钟鼓楼风物杂记》，政协北京市委员会文史资料委员会编文史资料选编第36辑，1989.

李国钧、王炳照：《中国教育制度通史第5卷》，山东：山东教育出版社，2000.

李兴华、冯今源：《中国伊斯兰教教史参考资料选编（1911—1949）》，宁夏：宁夏人民出版社，1983.

李云：《北京街巷胡同漫谈》，北京：北京燕山出版社，1991.

梁思成等：《名家眼中的北京城》，北京：文化艺术出版社，2007.

廖季立、李智盛、李福玉：《中国企事业名录大全第一卷》，经济科学出版社，1986.

刘岳：《名人与胡同》，北京：中共党史出版社，2007.

刘跃平：《往事珍影——北京西城老同志回忆》，北京：中共党史出版社，2006.

罗保平：《明清北京城》，北京：北京出版社，2000.

罗哲文等：《北京历史文化》，北京：北京大学出版社，2004.

马燕晖：《老北京的传说》，北京：华夏出版社，2007.

首都博物馆编辑委员会：《首都博物馆丛刊》，第12辑，北京：地质出版社，1998.

苏影：《北京教育辞典》，海洋出版社，1993.

谭伊孝：《北京文物胜迹大全（东城区卷）》，北京：北京燕山出版社，1991.

滕绍箴：《清代八旗子弟》，北京：中国华侨出版公司，1989.

田齐：《北京的佛教寺庙》，书目文献出版社，1993.

王彬、徐秀珊：《北京地名典》，北京：中国文联出版社，2001.

王彬、徐秀珊：《北京街巷图志》，北京：作家出版社，2004.

王彬：《实用北京街巷指南》，北京：北京燕山出版社，1987.

王晋、汪洋：《华实录：华北大学回忆文集》，北京：中国人民大学出版社，2003.

王晋堂：《古校迈向21世纪——北京一中校史稿》，华艺出版社，1990.

王向远：《日本对中国的文化侵略 学者、文化人的侵华战争》，昆仑出版社，2005.

王永斌：《北京商业街和老字号》，北京：北京燕山出版社，1998.

翁立：《北京的四合院与胡同》，北京：北京美术摄影出版社，2003.

翁立：《北京的胡同》，北京：北京燕山出版社，1992.

吴建雍、王岗等：《北京城市生活史》，开明出版社，1997.

吴建雍、王岗：《北京历史文化保护区研究》，北京：北京燕山出版社，2006.

吴良镛：《北京旧城与菊儿胡同》，中国建筑工业出版社，1994.

吴良镛：《北京菊儿胡同新四合院住宅工程》，载于关肇邺、孙凤岐编建筑设计城市规划作品集（1946—1996），中国建筑工业出版社，1996.

徐翔：《北京教育》，高教版，2006.

余棨昌：《故都变迁记略》，北京：北京燕山出版社，2000.

余钊：《北京旧事》，学苑出版社，2000.

俞启定：《书院北京》，旅游教育出版社，2004.

张塞等：《中国国情大辞典》，中国国际广播出版社，1991.

张志义：《私立、民办学校的理论与实践》，中国工人出版社，1994.

张中行：《流年碎影》，北京：作家出版社，2006.

张宗平、吕永和：《清末北京志资料》，北京：北京燕山出版社，1994.

赵贵平：《言实集》，民族出版社，2006.

正定县教育委员会：《正定教育志》，河北：河北教育出版社，1996.

政协北京市文史资料研究委员会：《北京文史资料第59辑》，北京：北京出版社，1998.

中共北京市东城区党史研究室：《东城地方革命史话》，1992.

中共北京市委党史研究室：《北京革命史简明词典》，北京：北京出版社，1992.

中国政协会议河北省委员会文史资料研究委员会：《河北文史资料第25辑》，河北：河北人民出版社，1993.

中央民族学院科研处：《藏学研究》，藏学研究所，1987.

北京市东城区地名志编辑委员会：《北京市东城区地名志》，北京：北京出版社，1992.

左川、郑光中：《北京城市规划研究论文集》，中国建筑工业出版社，1996.

吴建雍、王岗等：《北京城市发展史》，北京：北京燕山出版社，2008.

李铁生、郗志群：《南锣鼓巷史话》，北京：北京出版社，2010.

期刊文章：

张先得：《南锣鼓巷忆旧》，北京规划建设，2000(03).
梁嘉樑、宗树：《菊儿胡同近况》，北京规划建设，2005(04).
陈蝶：《菊儿胡同，摇曳在传统与现代之间——吴良镛整治北京胡同的成功范例》，新材料新装饰，2005(02).
李锋：《京味文化的缩影》，南锣鼓巷古都风貌保护区－城市，2004(02).
王兴亚：《明代养济院研究》，郑州大学学报，1989(03).
梁峻：《京都太医院考略》，北京中医，2007(03).
王培洁：《明清太医院》，前进论坛，2003(08).
艳霞、炫宇：《北京咖啡馆攻略——南锣鼓巷的咖啡馆》，中外食品，2007(08).
王之鸿：《麻景贤击毙日本军官始末》，北京党史，2005(06).
贾珺：《文煜故居宅园》，古建园林技术，2000(01).
大川：《1912年以后北京的山西银钱业》，文史月刊，1997(04).
张南琛、宋路霞：《从公子哥儿到书画鉴定大师》，世纪，2006(03).
李铁虎：《日伪统治时期北平中等学校一瞥》，北京党史，1996(04).
吕斌、樊星、李小萌：《历史文化街区是文化创意产业集聚与发育的重要载体——以北京市南锣鼓巷为例》，北京规划建设，2013(09).

郗志群：《解读：不一样的南锣鼓巷》，前线，2009(02).

李遥：《〈时代〉周刊推荐亚洲必去景点——北京南锣鼓巷》，文史参考，2010(01).

李亚红：《南锣鼓巷 经营"北京味"》，今日中国（中文版），2009(04).

报纸资料：

王玉光：《北京胡同的最后保卫战》，中国房地产报，2007年4月23日：第19版.

隗瑞艳：《北京举办"南锣鼓巷胡同文化节"》，中国文化报，2006年11月6日：第003版.

徐仁杰、徐江善：《"菊儿"胡同今昔》，人民日报，1998年10月16日：第9版.

刘江、王军：《如何保护四合院》，人民日报，2001年5月8日：第12版.

张书政：《北京的"楼式四合院"》，人民日报，1990年7月30日：第2版.

其他：

北京市东城区人民政府交道口街道办公室提供的资料。

后　记

　　北京，作为拥有三千余年建城史和八百余年建都史的世界著名古都，在其漫长的历史发展过程中，为我们留下了极为丰富的文化遗产。其中之一，便是纵横交错于城市中的街巷胡同。这些街巷的名称、建筑、民俗和市井生活等元素，一起构成了北京独特的胡同文化。南锣鼓巷及其周边胡同，以其历史之悠久、保存之完整、文化元素之丰富，在北京众多街巷胡同中脱颖而出，堪称一座庞大的、开放的、活态的博物馆，从不同侧面展示着北京悠久的历史、厚重的文化，以及博大精深的人文精神。

　　为进一步挖掘南锣鼓巷的历史文化资源，2008年，首都师范大学历史学院郗志群教授受东城区交道口街道办事处委托，编写了一百余万字的《交道口街道历史文献及论著资料集》，并在此基础上进一步提炼，编纂完成《南锣鼓巷史话》一书。2011年，郗志群教授又带领研究生团队对交道口地区的40余条街巷胡同和90余处历史遗迹进行了实地踏查,并形成文字资料,为交道口街道办事处"南锣鼓巷标识系统"的完成提供了学术支撑。

2013年,受北京市地方志编委会办公室委托编写此书,作为《北京地方志·风物图志丛书》第二辑之一部。为确保书中内容翔实可靠,同时兼顾知识性与可读性,编者在原有研究成果的基础之上,又查阅了大量文献资料,并面向专家学者、社区老居民等多方征求意见,吸收新材料,对书稿进行了较大的修订完善。

此次收录《京华通览》丛书之中,作者及编辑又作了进一步的修订与完善。

我们期望,这本书能够让更多人了解南锣鼓巷地区悠久的历史文化,并被其中蕴含的精神所打动,从而为塑造地区的文化认同,提升地区的文化自觉与文化自信发挥应有作用。由于我们水平有限,书中难免有不足和缺憾之处,在此真诚希望读者朋友提出批评意见,鞭策我们更好地进行优秀传统文化的普及与传承工作。

著　者

2017年11月